未来を決める勇気

マインドの法則で、
パンデミックを生きぬく

久瑠あさ美

ワニ・プラス

はじめに――なぜ〝いま〟マインドの法則が必要なのか

街の光景が変わっています。

人々は「自粛」し、「新型コロナが収まるまで、我慢する」という掛け声を頻繁に耳にします。

しかし、「収まる時」は来るのでしょうか。目標は目に見えるのでしょうか。

今回の事態は台風や地震といった災害とは趣が違い、社会の深い部分が変化、崩壊するのではないかという、不安感を招いています。新型コロナウイルスは原理上、死滅しないのです。新型コロナウイルスはもはや私たちの世界に組み込まれてしまったのです。

こんな思いに駆られていた時、『人生が劇的に変わるマインドの法則』（日本文芸社）という衝撃的な本と出会いました。この本は、「（高まった想いで）あなたはなにをするか、社会にどう機能していくのか。それこそが私たち人間に与えられた、人生からの問いなのではないでしょうか」という言葉で結ばれていました。

この文章に接した時、なにやら今の新型コロナウイルスの事態に対して、自分の見方が根本的におかしいのではないか、という疑問が立ち上がってきました。ものの見方を決定的に変えなくてはいけないのではないだろうか、という疑問です。

そして、この本に書かれている《マインドの法則》を現在の事態に再照射していけば、〝いま〟、私たちが進むべき道が明確に、確信を持って指し示されるようにも思えたのです。

さらに最近、久瑠さんは次のように語っています。

「まだ見ぬ誰かのために、あなたにできることは何でしょうか。その問いに応え続けることで、自らのマインドポジションは引き上がっていく。それがマインドの法則です。心の視点を高め、人と人との間に自分を置いてみる。家族、組織、社会（ソーシャル）、国と国、地球のどこにいても、その目に見えない繋がりを感じていくことであなたという存在は確かなものになる。時代があなたの人生を動かしているんじゃない。あなたのマインドがあなたの人生を創り、それが時代を揺り動かしていくのです」

この文章は、自分を取り巻く環境に対する感じ方への、重大な警鐘のようにも聞こえます。冒頭、「収まる時」は来るのでしょうか——という問いかけをしましたが、この設問自体が、すでにどこか事態を自分の問題として捉えていないことを表しているのではないか、と気づかされました。

新型コロナウイルスが世界に組み込まれている以上、私たちはこのウイルスによる災難を被っている被害者だ、という感じ方から脱却しなくてはならないのです。

この環境をあるがままに受け入れ、それを踏まえて生きぬいていかなくてはならないのです。

そして、そのために、〝いま〟こそ、マインドの法則が必要とされます。

本書は、久瑠あさ美さんに緊急のインタビューをお願いし、〝いま〟の状況を踏まえ、一人ひとりの人間がどのように生きぬいていくべきか、どのように未来を決めていくべきかというテーマをその〝背骨〟として、構成されています。《マインドの法則》の特徴でもあるのですが、お話は重層的に、スパイラルを描いて深まっていきます。深まっているようで、気づくと日々のストレスや先行きの見えないモヤっとした不安感が消え、心が晴れ渡っている、まさに潜在意識に働きかけていく凄みを存分に伝えていただくことができました。

読み進めていただくとわかっていただけると思いますが、まるでいくつもの楽曲を奏でるかのような独特の1冊がここに生まれ落ちたと感じられます。従って、本書は何ページを読めば何の答えがある、というマニュアル的な構成にはなっていません。人間という、素晴らしく、そして厄介な存在が見事に描きだされていて、まさに弾き語りのようなライブ感を体感いただけるはずです。そしてこれは、読者の方々が、久瑠さんのメンタルトレーニングを個別に受けていただいている感覚につながるものだと確信しています。

本文を始めるにあたって、その前提となる、久瑠あさ美さん独自の方法論である《マインドの法則》を素描します。この理論は様々な科学的知見、東西の思想にも通じる普遍的メッセージが内包されていますが、とてもシンプルな表現に集約できます。シンプルでありながら、深い奥行きを持っています。つまり、嚙めば嚙むほど味が出てくるわけですが、まずはその大略をご紹介していきます。

■マインドの法則

マインドの法則とは、久瑠あさ美氏が独自に編み出した、心と脳の法則です。この法則に沿ってメンタルトレーニングをすることで、人間が本来持つ能力のうち9割を占める、潜在意識を稼働させ、「在りたい自分」を生成します。

【want】原動力―「〜したい」といった熱意や意志などの内的エネルギー。潜在意識にある願望で、外的動機ではなく、自らの内的動機により引き出される。

【イマジネーション】創造性―「こう在りたい」という想像が創造を生む、生産的でオリジナルな発想力。鮮明なビジョンを創り出すことで、未来を加速させる。

【マインド・ビューポイント】心の視点―マインドポジションを高みに上げ、俯瞰して可視化する心の視野。心の視点を引き上げ、「視点」「視座」を自由自在に変えられるようになることで、無限の可能性を感じ取れるようになる。

心に変化を起こすためには、以上の3つの力が必要となります。久瑠式メンタルトレーニングでは、これらを「三種の神器」と呼び、この3つの力により、自発的に自らの潜在意識にアクセスし、どんな状況でも無限の力が発揮できるようになります。

また、【マインド・ビューポイント】には、5つの階層があり、

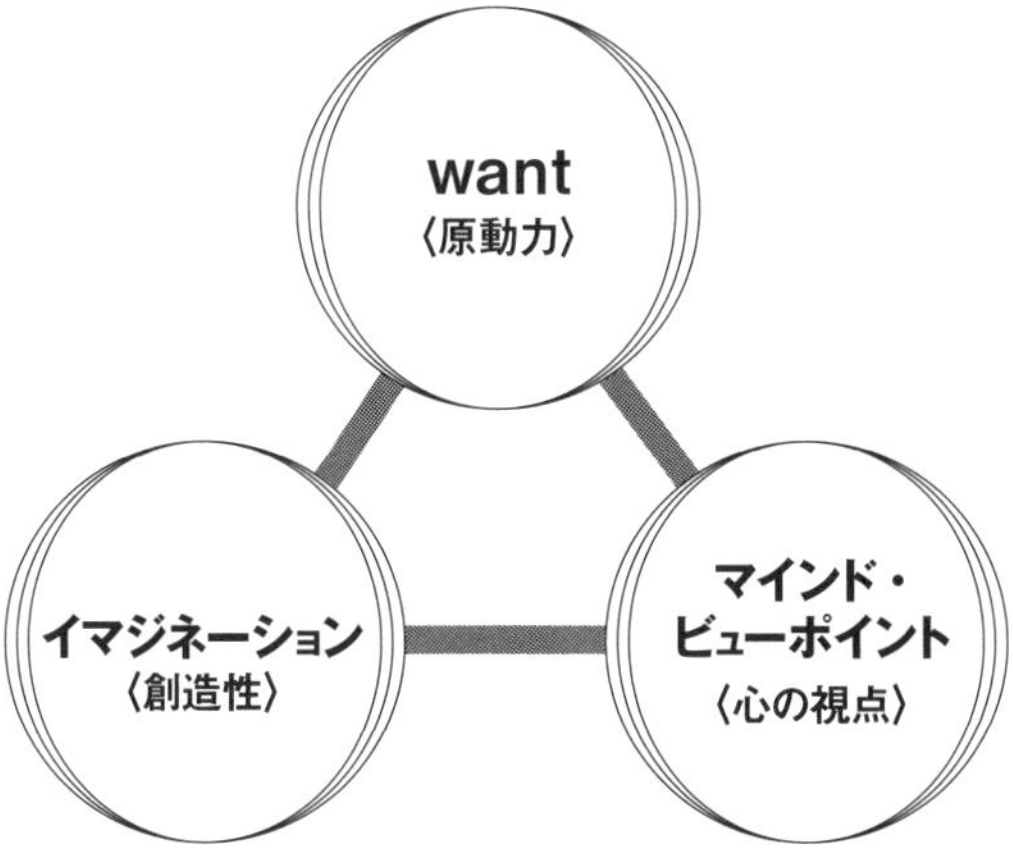

〜3つのプロセスで「在りたい自分」の心を創る〜

1. 自分を見つめる→マインドチェック
2. 自分を動かす→マインドセットアップ
3. 他者を動かす→リーダーシップマインド
4. 潜在意識を動かす→プロフェッショナルマインド
5. 社会を動かす→マインドマスター

という段階を追って心の視点を順に高みへと引き上げていくことで、誰もが自然に潜在的な力を発揮できるようになります。

　これまでどうだったかといった経験、実績、能力、性格に関係なく、本気で人生を変えたいと、〝いま〟行動できる人が、未来を変え動かすことができるのです。

潜在能力UP!!
新たなwantへ
マインド・
ビューポイント
〈心の視点〉
イマジネーション
〈創造性〉
want
〈原動力〉

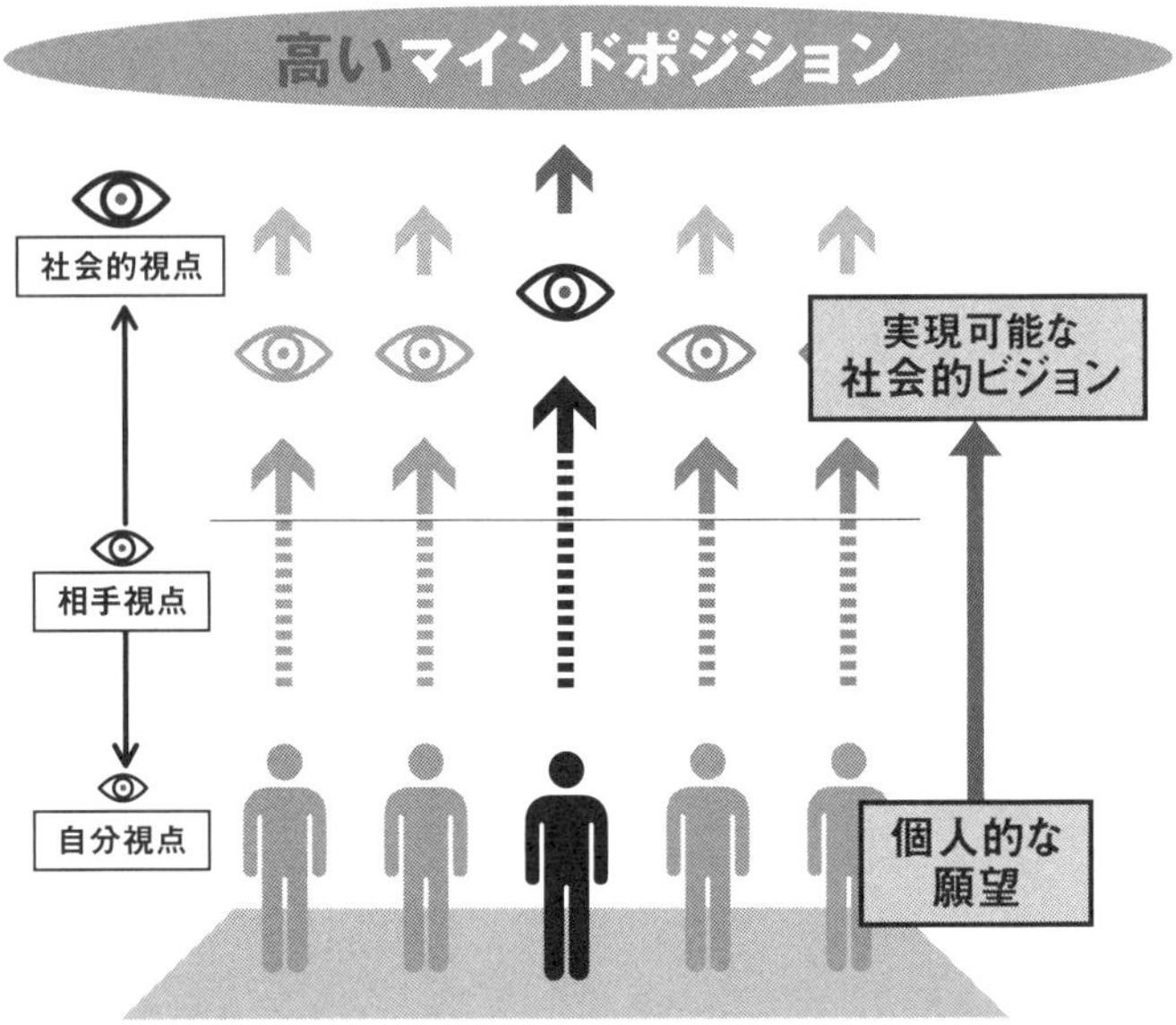

高いマインドポジション
社会的視点
相手視点
自分視点
実現可能な
社会的ビジョン
個人的な
願望

＊CONTENTS＊

第1章

私達が直面している世界――そして日常はこう変化する

インタビュアー（以下I）：新型コロナウイルスの感染拡大により、私達は今まで経験したことがない事態を目の当たりにし、戸惑っています。この危機は、震災や戦災による被害とは何か性質がとても違っています。震災、戦災による破壊から再興するためには、とにかく力を尽くして立ち向かえば結果が出るのですが、今回の危機は徐々に、しかし確実に社会が蝕まれていく、という得体の知れない怖さがあります。

この怖さに、社会全体が捉われているともいえるのですが、一人の人間としても、言いようのない怖さに捉われて、希望を失っているように思います。

まずはこの危機が忍び寄ってきた頃、久瑠さんは何を感じられましたか？

久瑠（以下K）：人間というのはわからないこと、不透明なことがあると、不安を感じます。さらに、先行きが見えないことが重なるとパニックに襲われます。今回の報道が流れてきて、まず感じたのは、こういった逆境下の人間の在り方についてです。今回のように目の前の世界が揺らいでいる時、表面の意識だけを頼りにして、無自覚な潜在意識を放棄して生きている人間は一気に崩壊する――そういう人間の真の弱点を改めて感じました。

平常時の在り方と、非常時の在り方は全く違ってくる。意識を狭めるのではなく、意識を無限に拡げていけるマインドへとシフトさせる、この変化に対応するそうした力は、実は人間にすでに備わっているのです。

明日のことをちゃんと考えて、今日をしっかりとこなし、過去から学び、省みる在り方は、真面目に生きている多くの善人の生き方です。こうした人々がなぜか幸せでない、自信がない――私はこの問題に長い間向かい続けてきたなかで「やるべきことを何とかやってます」という生き方を、「やりたいことをやれます!」という生き方に180度変えることができるという法則に気づいたのです。それが《マインドの法則》でした。

頑張って、やらなくていいことをやり続けるのではなく、「できたらいいな」と思うことが、気づいたらできていた時には感動があります。無我夢中、というマインドにセットアップできれば誰もがそうなれるのです。

非常時の今、このセットアップで生きぬくことが必要だと感じます。

一人の時間が増えています。こういう時は心の鏡を通して、目に見えない多くのモノや人、目に見えない何かと繋がっていることを実感しやすくなります。すると、無自覚だった、無頓着で無関心だった自分に気づくことができてきます。無関心というのは愛がない、ということです。心の鏡と対話していくと、いろいろな繋がり、在り方が新たな光を帯びてきます。これは難しいことでも何でもないのです。

手洗いも面倒だ、使用したテーブルを除菌することも手間がかかる、慣れないマスクを着用することを不快だと感じてしまう。しかしこう「感じる自分」は、生理的不快さという個人的な感情に捉われています。これを正しい知識、倫理観を踏まえた思考、そして、すべては自分や周囲の人の生命を守るための手段なのだ、というもう一つ上の大きな観点に引き上げることができれば、さらに地球次元というすべてを俯瞰した観点まで引き上げていくことができれば、人類としての在り方の１００年先、10年先、１年先、そして〝いま〟を変えていくことができる自分と出逢えるはずです。

目に見えているもののプラスαの価値についてだけでなく、目に見えているものと、見えないもの同士を想像し、創造する……イマジネーションにより推測して感じあえば、引き上げられたその先には次元の高まった世界が自然に現れます。

どんな時代にも見上げれば美しく澄み渡った大空は存在していて、けれどそうした美しさを前にして、時にそれを残酷にすら感じる、それが人間の心です。どれほど空の青が美しく輝いていたとしても、その人の心が曇っていれば、その眩さを美しいとは感じられない。その空は永遠にその人の心を晴れやかにすることはできないということ。その空がどれほど美しいかどうかはその人の人生に実は関与しない。空を美しいと感じる心がなければただ在るというだけ。

つまり、心が晴れないというのは、空の問題でも、この時代のせいでも実はなくて、自らの心の在り方の問題なのです。ここに私たち人間が生きる上で最も重要な法則が働いていて、それを私は《マインドの法則》としてお伝えしているのです。その人が見るもの、人や環境、時代がその人の人生を創り出しているのではなく、その心が何を感じられるかなのです。その何かの連続がその人の人生を創り出しているのです。

一人ひとりがその目に見えない何かとの繋がりを感じていくことができる。もっと言えばそれが必然になり、当たり前になっていく時代に突入したと言えるのではないでしょうか。

真の美しい心地よさとは何か、このことを誰もが無条件に体感できる世界を創り出すことを目指して私は伝え続けています。

一人の人間は、とても弱い生き物にすぎない

I：今回の事態を受けて、久瑠さんのそういったメッセージは、かけがえのないものに思えます。その一つひとつをこれからじっくり伺い、多くの人々が変化を受け入れてポジティブに、前に向かって進化してもらえる本になればと思います。まずは、そもそもの人間の在り方について、どのように感じておられますか？

K：人間は生物としてはとても弱い存在です。一個の個体としてみた場合、その身体能力は、地球上に存在する他の生物などと比較してもとても弱いものです。何か危機的な状況が起きると、人間はどうしていいか、どうすべきかわからず、むやみに右往左往してしまいます。

こうした人間の在り方には、普段活動している目に見えている物質的世界に対する表層意識（顕在意識）に捉われてしまっていることが大きく関与しています。人間の意識のうち、目の前で起こることに対処している顕在意識はわずか1割未満と言われています。残り9割以上の意識は普段は使われずに眠っているのです。

人間は本来、潜在意識を活用していくことができれば、顕在化されていない物事を自在に見出すことができ、そこから多くの潜在的な情報をキャッチしたり、これまでにない自分の能力

を引き出し、まだ起きていないことに平常心で対応できるようになります。

物質的な世界においての人間の弱さは、多くの人がこの潜在意識を活用せず、たった1割の顕在意識だけで何とかしようとしていることからくるのです。目に見えない相手（ウイルス）に対しては、9割のこの潜在意識の活用が必要になると感じます。

今回、まず感じたのは人類対ウイルスという世界的危機の根源に、潜在意識をいかに活用していくか、目に見えないコロナウイルスをいかに扱っていくのか、潜在的な様々な事態にどのように立ち向かっていくか、ということでした。

これは、心の視点を引き上げるということに繫がり、まさに《マインドの法則》の中で潜在意識の扱い方についてふれながらお伝えしてきました。

I：壁にぶつかって苦しい時、どうしても目先のことだけに捉われて右往左往してしまいますが、それは1割の顕在意識に捉われていることに問題があると。

K：様々な弱点と、強みが浮き彫りになった今、まさにこのような逆境に置かれた時、人間と動物、もっと言えば地球に生きとし生ける全てのもの、つまり大いなる自然の中で共存している全てのものの中で、人間の役割は何なのか、何のために存在しているのか、一人ひとりが改めて受け止めてみる必要があるのではないか、そう感じています。

人間は多かれ少なかれ、自分ができる範囲、つまり自己都合で日々暮らしている。言ってしまえば、自分を起点に世界を見ているところがあります。

そうではなく、大いなる自然の中で、人間も他の生物も、生きとし生ける全てが同じ環境の中に存在し、生きているのだというところを起点にして、まず、その視点で自らを振り返る必要があると思います。

I：人間はそもそも一人の個体では生きていけないし、そうした自然全体の中でしか生きていけない生き物ですね。これは「ｗｉｔｈコロナ」とも言われる、「ウイルスとの共生」という考え方を持つための在り方に繋がっていきますね。

K：人間の在り方そのものを問うことが必要不可欠だと感じます。そういった観点から見ると人間というのは変化に弱く、受け止めていく力そのものが弱い。変化を受け入れ難いものとして対処せずに放置したり、自分事として扱わず他人事のように後回しにしたりと、全くもってどうかしているような行動を起こしてしまいます。人間は感情、思考などいろいろな色眼鏡で、ものの見方を歪めたり、過去から貯めてきた知識や概念に固執し、論じたがります。

人間特有の自意識が暴走し、事態を在りのままに直視できない。そしてまた、厄介なことにこうしたすでにでき上がった概念というのは反射的に塗り替わるものではないのです。

まさに「生きる・死ぬ」という、生命に関わることとして自分のことを考えざるを得なくなった危機の時、その危機がむき出しに立ち現れた時、人間はとても弱い存在になるのです。

人間はまた時間的な概念にも縛られているので、今できること、できないことを過去に経験したことの範囲で考えがちです。その状態だとこれまで経験したこと以外に非常に弱くなる。今がどうであれ、未来にどうすべきか、そこを起点に解決できることは何なのか、また、解決できないのは何なのかを分別し、必要なものと、必要でないものを切り分けていくこと、そうやってこれから起こることに対峙していく、という在り方にシフトさせていく必要があります。

I：なるほど。今までこうだから、こうしてきたから、ということに捉われてしまうと、周囲の変化に追いつけず視野はどんどん狭くなり、どうしていいかわからなくなってしまうんですね。

K：そのため「心の視点を引き上げる」という内面の変革が必要です。

コロナウイルスとの共生という概念に対しても、単なる言葉として頭だけで捉えるのではなく、身体で感じる力が重要です。また、今という現在を超えて、未来を見据えて感じていくという在り方を一人ひとりが持てるかということがとても重要です。しかし、これも例えばウイルスと細菌の違いといった科学的知識を積み重ねることから始まって、新たな環境の中でどのように生きていくのかなどを身体的に理解して行動を変えていく必要があります。生命そのものが直接、この事態に巻き込まれているのです。9割の無意識を駆動させて危機を感じていかなくてはならない局面にあると思います。

リーダー達にそういった心の在り方に対するビジョンや確固たる指針がありません。感染者数とか、感染率とか、メディアが伝える情報に多くの人々が振り回されて右往左往してしまっている。指針を失ったリーダー自身の曖昧な宣言では、一つ一つの決定に安心することができずに信頼を失います。何を信じて、何を疑うのか、信じられるものと、そうでないものを見極め直すことが大切です。

起きたことを受け止めて対処し、さらにその先に意識を向けていくことが必要なのです。出たとこ勝負になっています。危機的状況だから一か八かで、という必要はないのです。そういう逆境下でこそ試されるのは、先を読み、いかに仕掛けていけるかという国としての在り方で、リーダーにおいては一層、問われることになります。そうした変革のカギを握るのがまさに潜在意識をいかに駆動していくかということなのです。

I：何が正しいのかというのをしっかりと見定め、それを自分の身体全体で感じて未来に向かっていく、ということですね。これが、マインドの法則を学んでいく、ということだと思うのですが、それはこの後、いろいろな切り口から伺っていきます。

今から2500年前に孔子は「知ったことは知ったこととし、知らないことは知らないこととする、それが知るということだ」と言っています。まずは、この言葉を踏まえ、この言葉を超えていくために潜在意識と向き合わなくてはいけないということですね。

真面目さは武器にならない

I：新型コロナの蔓延で、社会はどのように変わっていくのでしょうか。またその社会で生きる私達はどうなるでしょうか。

K：パンデミック発生前の状態に、あらゆる面でもう戻ることはないと思います。

今、まさに無我夢中で変化していかなくてはならない時期なのですが、意識がこの事態に追いつけていません。いずれ追いつく状態になるでしょうけれど、その時にはさらに私達の物理的環境、空間が変わっています。

例えば会議は、オンラインに切り替わっていくのでしょうけれども、現状まだまだ技術の制約もあり不便が生じている。そこには技術的なツールを使いこなして活かしきるだけの意識が成熟していません。

まず状況の物理的変化が進行し、意識はこの変化に追いついていけず抵抗するのですが、変化を受け入れざるを得ない。そのためストレスを募らせてしまった人も多くいるのだと思います。

それでも変化の先の世界では、今まで便利だと思っていたことがとても不便になったり、さらに自分たちの価値観や価値基準も大きく変化するのだと思います。

社会的評価も同じです。正しいと思っていた世界ががらりと変わる。続くと思っていたことが続かなくなる状態になります。

変化を進化と退化という側面で捉えれば、進化する受け入れ難いモノもあれば、退化するモノ、コトもあります。人も進化に向かう人たちと、今までのやり方を維持しようとして退化してしまう人にわかれるのではないでしょうか。

現実が動いている時は、先ほども述べた特性により、人間は変化に順応的ではなく取り残されがちです。頭で思考はできても行動に移せない、身体が動かないのです。

やはり大事なのは意識を変えること。社会のシステムをいくら変えても、行動を変えるためには人間の9割の潜在意識を塗り替える必要があるということです。

I：社会的な変化が起きると、進化できる人と留まる人が出てきて大きな差になる。つまり、チャンスになる人もいれば、ダメージを受ける人もいる。まさにそれが今起きていることなのですね。

K：私のパーソナルトレーニングを受けている方や塾生に対しては、変化が起きる、というメッセージを年明けから積極的に伝えています。「想定外」が起きた時、逆境を目の前にした時、「あなたならどう動くか」という問いかけを、日々のワークとして、課題として受けとめてもらっていました。それを受けて先回りして意識を変えられたことで、世間の波にのまれずに、むしろいつも以上に公私とも、現実に対して、積極的に働きかけ充実した時間を過ごせている、といった声を寄せていただいています。

真面目に努力を重ねつつ、自分が生きていく上でぶつかる事態を直視する。そして「自分ならどうする？」という問いかけを常に自分にできるか。そこが要点です。この問いかけが難しく、生き方に戸惑ってこの前で立ち止まっています。

今回の事態もそうなのですが、一瞬先は闇です。

今まで真面目にやってきたのが、突然水たまりができたり、嵐がやってきたり、自分でコントロールできないことが起きて、蹲《うずくま》ったり、さらにおかしな状況に巻き込まれたりして先行きが見えなくなる。

何が起きているのかわからない、パニック状態に陥る、というパターンにはまってしまうんです。その原因は真面目さでもあります。

「真面目」という文字は、真の地面の目と書きます。地べた目線、つまり視点が引き上がっていない状態ということ。地上がフラットで平穏な時は何の問題もないのですが、そこが揺らいだ時、平坦でない時、そこは安全な地ではなく危険。まさにパンデミックがそうです。地上に居続けること自体が、そうした潜在的なリスクを持っていると多くの人が気づいていない。だから真面目さが武器にならない時がやってくる。そして、その時どうするか？

私達人間は地上を住処《すみか》にする生き物として存在している。だからこそ心の視点を引き上げ、地上に存在する自らを、高みから見る心の視点が必要があるのです。

一番の問題は俯瞰できていないこと。その先行きが見通せず、水たまりがあるということを探知する力がない、危険を回避することも越えるための準備もできない、ということです。この躓《つまづ》きが視点を一つ引き上げるというトレーニングの起点になります。

重要なのは感性の視点を持てるかどうか

I：今は、地上に居続けるためには、真面目であっても通用しなくなる時代――。そんな時代を生き抜く方法として、心の視点を引き上げて、俯瞰する。高い所から自分の位置を客観的に見て、自分の在り方を受け止める……こういう提言は久瑠さんが日頃から培われた自らの在り方をもとにされているのだと思います。まさに今の時代に求められるこのメソッドについて、ご著書の久瑠式トレーニングの神髄でもある『マインドの法則』でお書きになっている、「心の視点を引き上げていくトレーニング」について改めてお聞きしたいのですが。

K：《マインドの法則》を参照しながら説明します。
　目の前で起きていることに立ち向かい対処しようとしても、それはすでに手遅れなのです。どうしても人間というものは、物ごとが起きてみなければわからない、また起きたことに対処する人生ではいつか疲弊してしまいます。それをそもそも物ごとが起きる手前から俯瞰して、「今自分に何が起きているか」を把握している人はパニックにはならないのです。ここで重要なのは、ことが起きてから考えるのではなく、もっと言えば起こる前から考えるのでもなく、感性の視点を持てるかどうかです。

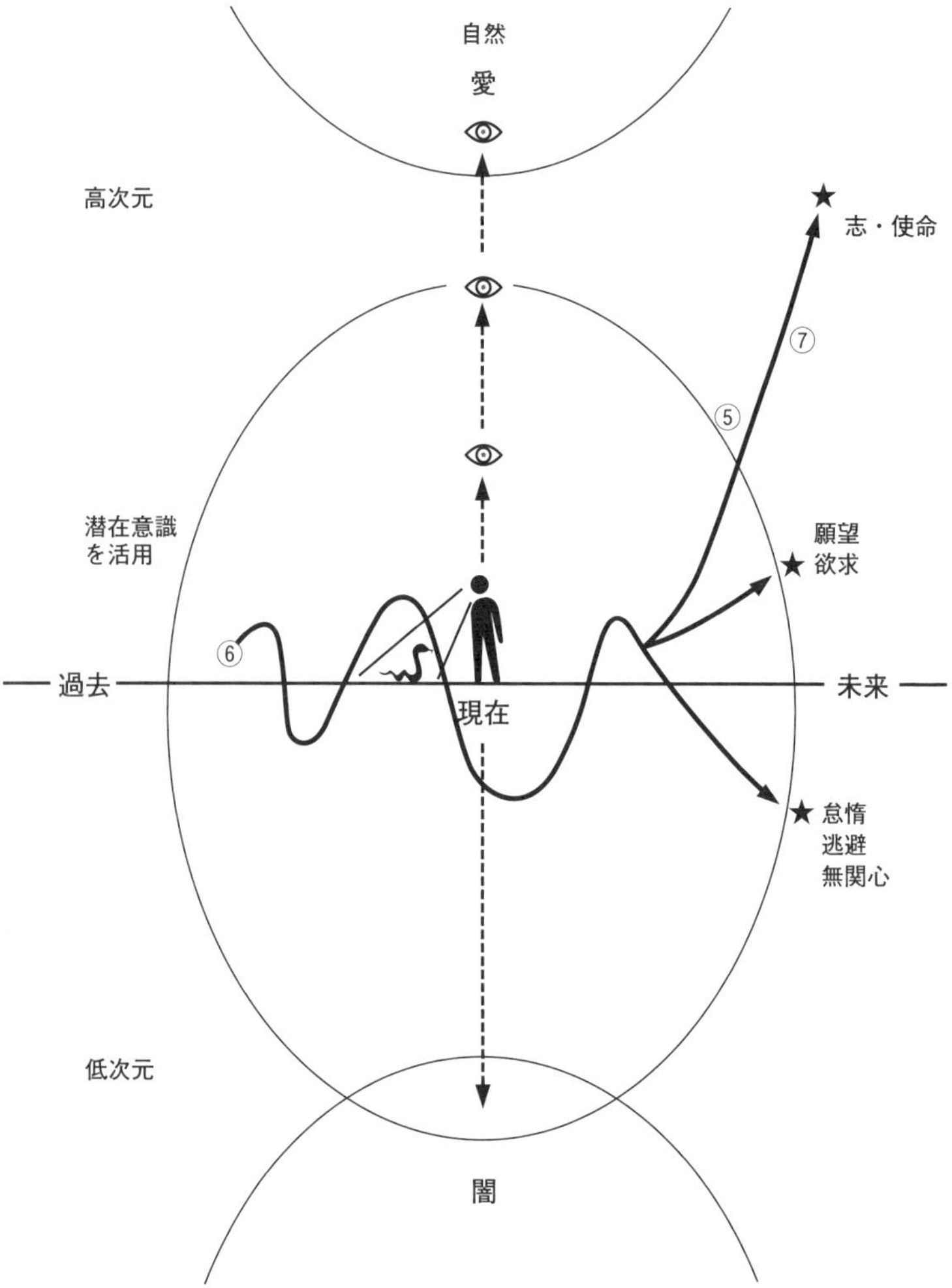

⑤ 視点が高くなればなるほど、過去から未来を見据えつつ、事態をより大きな視野で捉えられる。
⑥ 人間は状況により視点が、引き上げられたり、下げられたりする。
⑦ マインドポジションが高まれば、自覚、覚醒、覚悟の契機を経て、使命を知る。

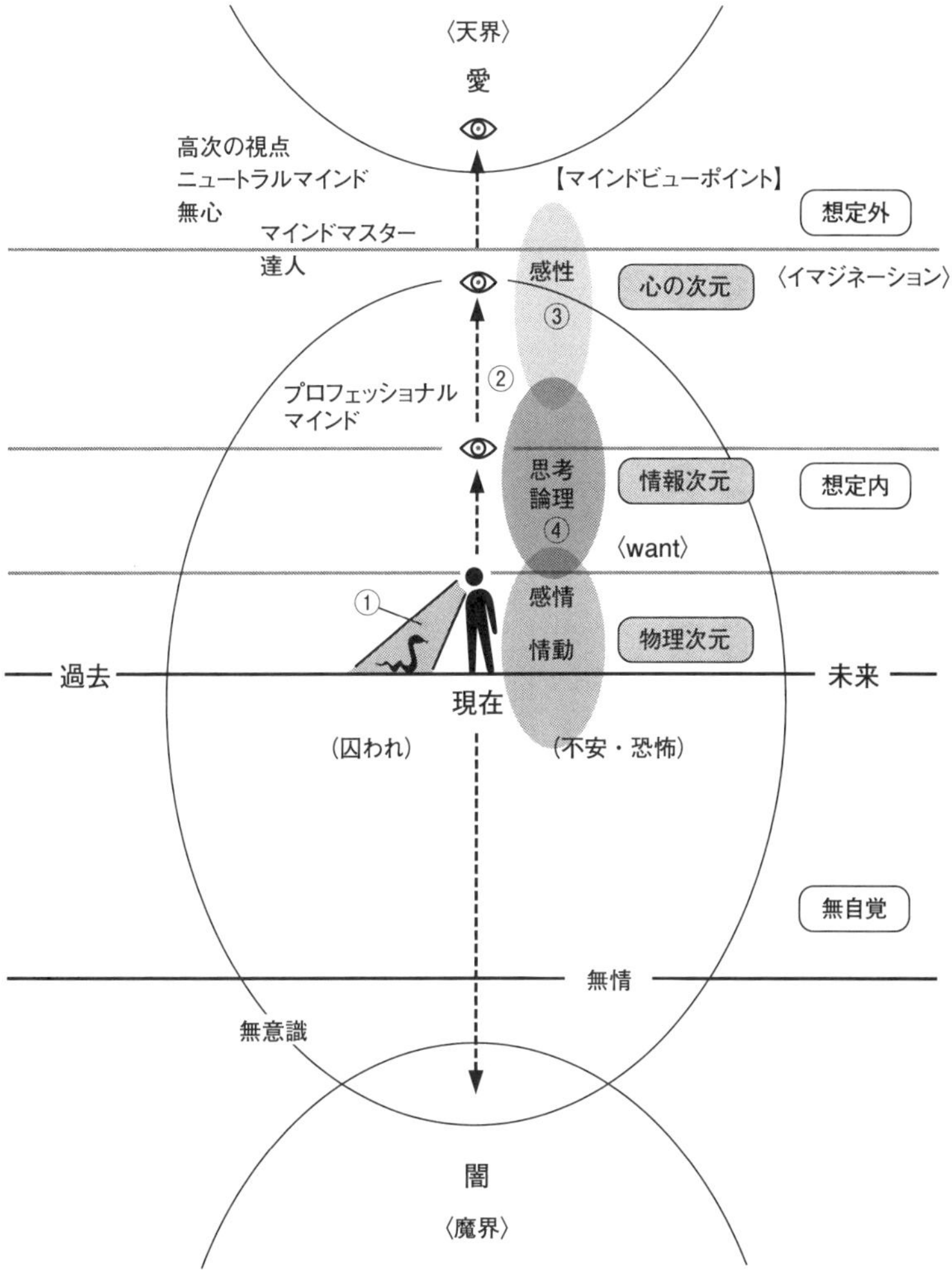

① 目の前で起きていることや危機だけを見て立ち向かっても、パニックになる。

② 潜在能力を使い、視点を上げていく。

③ 事態が起こる前から、過去を見据え、未来を視野に入れて対処する能力

④ 正しく事態を捉える能力

端的に言えば、今の時代で一番求められているのは、潜在的なものを見ていく力、それをいかに引き出せるかという点です。

前ページの図で言うと、論理の世界（④）がまずは正しい世界として存在している。それすら理解できないと何もできない。論点がずれるから論争が起きるし、正論も生まれる。他方、その分正論でない理屈や屁理屈さえも生まれてしまう。

I：論理がわからないと、マスクやトイレットペーパーを急いで買いに行ってしまうわけですね。

K：トイレットペーパーは世界にも日本にも充分あるのに、正しい情報がしっかりと把握できていないことで、恐怖心から感情次元で「なくなったらどうしよう」という不安感が生じてしまう、パニックを引き起こしてしまうのです。

I：パニックを起こす感情の視点ではなく、しっかりと正しい情報を捉える、正論なのか判断する、というのがちょっと上の思考ですね。

K：情報を耳にするのは国民。

それに対して、知識人・学者、そしてリーダーがもうひとつ上のところで物事を捉えていたら、たとえ不安感から目の前のことしか見えなくなっている人でも、「守られている」という感覚が起きます。リーダーとして人に何かを伝える立場の人が、そうした一つ上の視点を持っていないと、単に数字を読み上げているだけになり、事態を混乱させてしまいます。

I：そうした一つ上の視点で見ているリーダーというのは、世界の中でもどのくらいいるのだろうか。そう感じてしまいます。

K：理論と感性をコラボレーションして、今起きていることがどういうことかを体感として感じ取り、現時点において正しい知識を一刻も早く世界に向けて発信していく。それが真のリーダーとしての在り方です。それには、俯瞰の視点に立てているかどうかが問題で、この視点に立てれば立場と役割において具体的な話ができるのです。何より〝いま〟という現実や、過去を起点にして何が見えているのか、それと同時に未来を見据えての発言がやはり求められる。それはいつの時代でも同じです。

まずは「未来を信じる勇気」が必要です

I：そういえば、いろいろな政策の混乱は目の前のことしか見ていないために生じてますね。アベノマスクとか、給付金にマイナンバーを使った混乱とか、ＧｏＴｏキャンペーンのバタバタとか、それこそ、その場しのぎに終始しています。これってリーダーも俯瞰できていないのですね。

K‥人間が不安になるのは先行きが不確かな時です。その霧の中で動けなくなるのは、わけがわからず危険を感じて、その恐怖心でマインドが引き下がり蹲《うずくま》ってしまうからです。先ほどの図表の「自分視点」(①)から悶々として抜け出せなくなります。

「ここにおいても自意識過剰なリーダーたちは、結局は闘っていない。勇ましく闘う姿勢を見せた時に国民はついていきますし、自分を守ってくれているという感覚というのは、自然に、言葉一つに無意識にも表れるし、生み出されるのです。それを私は今までの体験から、確信しています。

いま「未来を信じる勇気」が必要です。全部受けて立つというマインドの在り方でなければ、その勇気は生まれてこない。使命感というのは、「命を使う」と書きます。だからこそ命がけでなくてはならない。伝える人間というのはそういった意味で選ばれた人間であり、そういう力を潜在的に持った人間をリーダーにしなければ、国も社会も未来はないのです。

世界を見ても、今のリーダーの多くは使命感というものが感じられない。自分を守るための仕事で終わっている。行動ではなく論じているだけなのです。リーダーが上の次元から判断して未来を見据えていかなければいけないのに、リーダー自身が自分さえ見えてない状態でいると、不祥事というか、それこそ犯罪的な問題が起きます。危機の状況下に右往左往しているうちに、多くの人が生きる糧《かて》さえ奪われてしまうのです。

でも、こういう機会に潜在的な力を引き出して、自分にはこんなに勇気があったんだと思い起こし、行動している人もいると思うんです。居ても立ってもいられないというところで、高い次元から「ｗａｎｔ」がおりてくるというか、自分がやりたいことが見えてきて、開花している人たちもいます。

もう一つ上の地球視点で見ると、人間はどこまでできるのかということが、今まさに試されている状況です。私達が地球人として協力し合えるか、何が正しくて何が間違っているのかを国民一人ひとりが判断できるようになっていくか、が問題です。

これはチャンスなんです。人類が進化するチャンス。

でも逆に言うと、滅びていく、極端なことを言えば一旦終了するしかなくなるということにもなりかねません。

Ｉ：非常事態宣言が解除されたら、逆に感染者数が増えてきた。終息を見越して縮小したベッド数を慌てて増やす。そして病院の経営が圧迫される、医療が危機に陥る、といった目の前のことだけに捉われてしまうピンチがある一方、治療方法は驚異的なスピードで改善されています。そもそも新型ウイルスが人間に感染してしまったのは、野放図な経済の拡張が環境の秩序を破壊してしまった結果かもしれません。この危機に人類として対処するために心の視点を引き上げる必要があるのだと感じます。それができればチャンスになる！　ピンチがチャンスになるけれど、逆に今回のことで、終了していくものもあるのでしょうね。

物理的なものには賞味期限がある

Ｋ：必要でないものはやがては一掃されるか蓋《ふた》をされ腐敗する。目に見えないものも半永久というものはなく、ちゃんと手入れやメンテナンスをかけていく必要があります。生産物に賞味期限があるように、物理次元に存在しているものはやがて終わりがくる。これは人の心においても試されることだと思います。会えないから繋がりがなくなるというのであれば、残念ながら、それまでの関係だったということだと思います。

逆に会えない間にお互いが成長できる関係性があれば（ヴィジョンが共有できていれば）、その関係はより強い絆になります。

育成、熟成の期間だったと思えたら最高です。

世界の状況をプラス、マイナスで表していくと、今、得体の知れないモノ「新型コロナ」に襲われているという意味でマイナスです。マイナスの累乗、マイナス２乗にもマイナス３乗にもなる闇の世界。多くの人々はそれと向き合いたくもないし、コロナなんて早くなくなればいいとこの期間は憤《いきどお》りと苛立ちさえ感じている。でも、それだけではどうにもならない。自分の憎しみや苦しみに閉じこもり、この事態の原因は自分とは関係がないからと、他人のことを慮《おもんぱか》らない。気にもしない、無関心というのは最大の暴力で、「自分に関係ない」では収まらない。この世界の中に存在する以上、すでに誰もが運命共同体ということなんです。

I：確かに、「玉手箱」はもう開いて、煙は世界中に拡散してしまった。事態はもはや戻らないわけですものね。

K：私達は世界で共に存在しているのだという前提で、この事実を直視して、自分たちの在り方、行動を変えていく。自ら共存していることが大事なのだと受け止め、一人ひとりがこの事態に向かっていくタイミングだと思います。誰かが何とかしてくれる、どこかに封じ込めてしまえ、自分には関係ないなんて解決はありえない。

ましてコロナになった人をバッシングしたり、コロナになった人は自分とは違う人、自分の周りには出ていないからその時考える、それでは手遅れなんです。自分達の環境は大丈夫と楽観視することはエゴそのものです。

そして表面化した問題を頭だけで解決しようとするのではなく、一人ひとりの潜在意識にアクセスして「感じる力」というものを引き出していけるかどうかにかかっています。

まさにそのことが試されていく時代なのだと思います。

感じる力を誰もが磨き、人間の感性がこの状況に追いついていかなければ（レベルを上げていかなければ）なりません。例えばＡＩの進化がいくら加速しても、それは人間が進化したということではないのだから、そこに気づかなければ人間は進化するどころか退化へと向かうでしょう。

第2章

新たな世界のさまざまなシーンを、生きぬいていく

【会社】

I：新型コロナの感染が拡大している世界で私達は生活していくことになりますが、さまざまなシーンにおいて、大事だったことがその価値を失ったり、物ゴトの優先順位がどんどん変わっていくと思います。それぞれの生活のシーンにおいてどのように生きぬくことが求められてくるとお考えですか。まずは、多くの方々の生活時間の中で重いウェイトを占める「仕事」の受け皿である「会社」という組織について伺います。これから、会社はどのように変化するのでしょうか。そのあたりをお聞かせいただけたらと思います。

会社を、単なる居場所としてではなく、生きて動く一つの人格として扱う

K：今、組織という言葉が出てきましたが、そのような機械的で構造的なシステムではなく、一つの人格として捉えていくことが必要です。会社が一つの法人格として、ある意味、生きて動く存在として捉える。どこにいても24時間、人と同じように、会社とつきあっていくという感覚を持つことが必要です。会社が単に物理的に存在している、自分の居場所としての四角い箱だと思っているだけでは、この先は通用しなくなります。

I：久瑠さんのお話には「生きて動く存在」が、大事なところにちりばめられています。そういうかけがえのない存在は、何かを実現するための道具ではなく、尊敬する人のように接しろ、と仰っていますが、会社というシステムもまた、法人格という人格として、人として

捉える、これは、とても意外な発想ですね。

K：単に労働力を提供する存在、つまり決められた就業時間に命じられた仕事をする、勝手な行動をせずに、四角い箱の中で機械的にルーティンをこなすことで報酬を得る。それはそれで物理次元では正しい行いではありますが、これからの状況では、そのような視点では壁にぶつかります。

I：会社は労働力を提供することで、対価としてそれに見合ったお金を払ってくれる所、という生活のための手段として考えているという人がほとんどです。そうではなく生活そのものの、つまり生きていくという目的そのもののかけがえのない一つとして、会社を位置づけなくてはいけない、ということですね。

K：これからは社員一人ひとりが、会社という生きた人格に対し、イマジネーションを働かせながら自身でリアリティを創り出し、その人格を持った会社との付き合いを深めていく。そうやって自ら生み出した絆や信頼をベースに接しないと、会社も、社員も上手く生きていけなくなるように思えます。実はそうしたことは、新入社員で会社に入る時に本来は誰もが持っているべきことなのかもしれませんが、これまで会社を四角い箱、つまりハードの部分だけで捉えていた人にとっては、真面目にやってきたのに……と、空しくなってしまう。自宅待機で一人になって心にぽっかりと穴が空いてしまいます。

そして会社なんてどこも同じだ、もういいかな、辞めてしまおうかなと思う人が出てきてもいる。これは一方通行の片思いで、会社という人格がその人をどう思っているかということに気づいていません。その逆も然りです。

そうなると、「辞めてやる↓どうぞ辞めてください」ということになります。

自分が会社という人格とどのように付き合っていくか、というようにマインドを変えていかなければ、離婚と同じで、新しい会社もそんな風に辞めた人に対してどのように受け止めるか、考えるかは目に見えています。

決して辞めることが悪いことではなくて、その辞職は会社のために辞めるのか、自分のために辞めるのか、辞める時のマインドの在り方が問題なのです。マインドが変わらないと、どこに転職したとしても何も変わらない。

会社のために何かできることはないのか。まだ自分の力で会社のために何か生み出せることはないのか、と捉え直すことで、一旦、心の視点が引き上がるのでいろんなことが見えてきて、今まで感謝できていなかった多くのことに気づく人も多いのではないでしょうか。

I：常に何かと付き合いながら、少しずつ違う自分を創り続ける、あるいは創り続けないと生きてることにならない、そういう原点から見ると、与えられた仕事をして、そのお金で食べて、また与えられた仕事をして……、という繰り返しで本当にいいのかということですよね。成長したいと思う人はもちろんいるのでしょうが……。そもそも会社法人って、一定の目的を共有した人たちが一緒に働く組織ですよね。

K：そうです。

「会社辞めたいな」というような言葉を耳にすることが多くなってきているのも事実です。自分自身の視点を引き上げてみて、本当にこの人、この会社とやっていけるのかと立ち返るのは、まさに今が必要なタイミングではあります。

けれど、会社との付き合い方を考えるタイミングで、視点を引き上げることなく、感情で向き合ってしまうと、マインドが下がり非常に良くない事態になります。ことあるごとに感情的になり、感じ方が濁っているというか、引き下げた澱んだところに自分の心があって、感情的・感傷的に傷つけられたと感じ、時に誰かのせいにして、「仕返ししてやろう」となってしまう。そして、いつしか自分の被害者意識が高じて、他者に対し加害者になっていく。

そんな無自覚な自分を見出してあげることが必要です。自らの心の視点を上げてみると、自分ができていなかったことが沢山あるな、それなのに会社は毎月お給料を払ってくれていたな、と捉えることもできるし、結果的にそう捉えられた方が楽だし得るものも大きいと感じられます。みんなに協力して貰えたり、それに対して返したいと思えたり、お互いのいいところを引き出し合えます。

I：そうか。被害者だと思い込んでいると、それ自体で加害者になりうるわけですね。ここでも視点を引き上げることで、そういった無意識の悪を自ら断つことができるのですね。

無条件の愛を誓った人間だけが経営を続けていける

K：特に経営者は、この法人格という人格にきっちりと向き合っていく覚悟が必要とされます。経営というのは全てある意味、修行だと思うのですが、経営者個人の心の中に、「高次の愛」を持って社員を受け入れていくことが必要です。

「病めるときも健やかなるときも……、愛すると誓えますか?」、これは無条件の降伏（無償の愛）、そういったところで考えていくということですね。赤の他人を何百人、何千人規模で雇用している会社もあるわけで、それはとても大変なことだと思います。目の前の一人を真に愛することだって実は大変なことなのだから。

I：「あいつ嫌なんだけど」という人が現れたとしても……。

K：「それでも愛せますか?」ということです。力になってくれる人間だけでなく、迷惑しかかけてこない人間に対しても、それを受け入れられますか？ ということまで問われることになります。

I：高次の視点での愛が試されますね。

K：全ては観点です。それは心の視点が創り出しているんです。何があろうとも全て自分に起こることは自らの視点を引き上げ、受けとめていく。そういった高次の愛を誓った人間が経営を続けていけるということだと思うんです。そこに覚悟が入る。

こういう覚悟は経営者だけに必要なのではありません。社員もまた、人間の成長という意味で言うと、「そういう人間（社長）を自分は信じたのだ」と自分事として捉えることが大事です。社長を信じたのであれば、最後まで信じ続けていけるかどうかは自分の器量の問題なんだと。

他の会社が、あなたのことを認めてくれて、あなたがどうしてもその会社に行きたいということがあれば、退社の時にもきちんと仁義を切って辞めなければいけない。

この辞め方を次の会社はちゃんと見ている。逃避なのか逃亡なのか、つまり逃げたのか、避けたのか、改善に努めたのか、何かしたのか、何もしなかったのか、究極の瞬間に何かする人間か、何もしない人間なのか。

どうせ会社を辞めるのだったら、今のように世界の状況が下がっている時に、マインドをそのまま下げるのではなく、上げてみたらどうか、それを最後の最後にやってみると、今までやってきたことを省《かえり》みる機会になります。

それはどちらにせよ、その人の人生にとって、重要な未来の糧になるはずです。

澱んだ世界に身を置いている時の決断は危険

I：会社を人格として捉える、ということで、会社で共に働く人々が高次の視点に引き上がり、互いに相手を尊んでいく在り方が生まれてきますね。

K：はい。

辞めるのも悪くない、と話しましたが、私はどちらの選択もありだと思います。辞めるか辞めないかが重要なことではなく、大事なのはどんな思いがそこに在るか、それによって何を得て、何を失うのか、究極、何が起きるかではなく、何を感じられるか、何を見出せるかを見据えていないと、未来も見えてこない。そこが危険なのです。澱んだということを「沼地」という言い方をしてお伝えするのでが、沼にいる時というのは何も見たくない状態で、澄んだ水ではなく、澱んだ水を欲している。透明感のある世界ではなく澱んだ世界に身を置いているんです。

霧とか靄《もや》、モヤモヤしているなかで会社を辞めるのは凄く危険。先行きが見えない状態では、たとえそこから離脱して浮上したとしても、またすぐに見えなくなってしまう。今よりももっと深く沈んでしまうことだってある。そんな時の潜在意識は沼地を求めているのだから当然ですが、何もしたくない。何もしなくてもいい場所、ごまかしの利く居場所を住処《すみか》に選んでしまうことになりかねない。

I：その沼地に沈んだマインドでは大切なものまで見失っているんですね。まずはそこから抜け出すべきですね。

K：はい。それを一掃して、できることなら、さらに上のレベル、地上から空へ向かって飛び立ったその瞬間に決断してほしい。空の上から降り注ぐ「希望」のような光を放つ月や太陽といったダイナミックな存在を体感できるようになってから、そんな新境地で新たな居場所を選んでほしい。高い次元のマインドポジションになると、今いる会社でも、そういう人間をほってはおかない。出世してしまいます。具体例については後でお話ししますが、「嫌なんだけどなんか認められちゃった」という状態になります。他人から認められることに人間は嫌な気はしないので、「もう一度頑張ってみようかな」と思うようになります。

I：まずはマインドの状態を見極め、それから決断ですね。マインドを引き上げないといけない……。

K：自分の心が青だから、空の色が青くなるのではありません。空の色はそれ自体で確固として青だったり、曇っていたら灰色だったりします。曇っていてもその上では太陽が変わりなく輝いています。そういう確固とした空の色を在りのままに見ることができる感性を磨いていくと、いい変化は、自然に起こります。

自分の心が澱んだ状態で、会社がどうだこうだと言っている間に、大切な時間を無駄に使い果たすことになってしまいます。折角の出会いも全部自分でマイナスにしてしまいます。

曇った状態、霧の中で選んだものというのは、自分の状態が見えていないので、なんとなくの気持ちで未来を選んでしまっています。こんな状態で会社を変えたって、ただ場所を変えただけ。仕事や会社に対して、人として向き合うということができていないのです。

「役割」ということを見つめ直す必要がある

I：自分と会社という観点からお話しいただきましたが、今のこの危機では、そもそもの会社の在り方も変わりますね。

K：そうです。会社は変わっていきます。変わらなければ生き残れない。まさに刻一刻と変化していく……。この変化こそが自らの可能性だと感じられないのならば、自分の力がそれに追いついてない、足りていないのだと思った方がいいのです。

自分の会社の1年先、10年先をイメージする、その1年先、10年先を人生を共にしていくんだという覚悟が入れば、マインドポジションは自ずと高まり、〝いま〟自分ができること、この先何とかしたいことがどんどん生まれてくるわけです。

I：そうやって会社の変化を俯瞰して感知できれば、ただ仕事をやらされているというマインドは一掃されますね。その上でこの変化に自分がどうするかを考えていけば、さらに高いマインドポジションになることで、やりたいことが自ずと見えてくるでしょうし、何より自ら主体的に動くことができるようになりますね。

K：はい。「have to（～ねばならない）」ではなくて、「want（～したい）」で動くということです。「want」発信、つまり外的動機ではなく、内的動機で無意識の潜在能力が発揮されるのです。

今こそ、ここで「役割」ということを見つめ直す必要があります。

役を割る、とは時間を割ること。私は人生を仕事という観点から見て、自分に割られた役に、どのように時間を割っていくのかを問うていくべきだと思います。

仕事の話で言うと、何時から何時まで、何をどうするかという決められた制約の中でお勤めをし、それに対して給料を貰うのですから、その決められた業務をする義務が発生します。この業務は、何をしなければいけない、という役割が明確になっています。その時、この役割をどのように捉えていくのかということが大事です。

I：一般的な時給とは、一定の時間に期待される労働力を提供できるかが、役をこなすことになるのですが、高いマインドポジションに立った場合、「役」の見方も、自ずと違ってくるのでしょうか。

K：俳優の世界をここで応用してみます。俳優を業務委託契約と考えます。脚本に沿った配役が業務内容です。この業務内容という「役」を、舞台という限られた時間でどのように演じるかが、自分に課せられた時間割です。舞台に上がるだけではなく、どのように演じるか、演じる業《わざ》、能力が問われます。

会社に出勤することも舞台に上がることです。そこでどのようなパフォーマンスをするのかが問われます。

俳優は役を自分のものにするために、脚本に沿った場面、シーンという「時間割」のなかで自分をどのように魅せ、表現するのか、セリフを早く言って切迫した感じを出すのか、ゆっくりと間を持たせた方がいいのか、そこを自分なりに役創りすることが求められます。会社でも同じです。会社という舞台で自分が与えられた職務という役になりきって演ずることができれば、人の心を動かす仕事となります。そこには新しい感動を生む空間が生まれるのです。

I：「役」を任されたら、限定された時間の中で、どのように自分が演じ、役をこなせるか。自分のこととして、というのが大事なんですね。

K：例えば俳優であれば、「あなたは今日から家政婦の役です」と台本を渡されたら、そこに自分自身をそのままそこに入れるのではなく、むしろ自分自身を消し去って「家政婦」という役をまっさらなキャンバスの中に描いていく。自分の中に「家政婦」役の人物をインストールして、その役の人格を創り上げるのです。家政婦なんてやりたくないと思っていても、その役創りができてしまえばどんな役も楽しんで演じられるです。「何で私が家政婦の役をやんなきゃいけないんだ」と思いながらやってる俳優はいないのです。配役そのものに自らの感情次元だけで反発するのはもったいない。むしろ自分を成長させるチャンスとなる。

「えっ‼　何で私が……」と思う役ほど、その人の器量が試されるチャンスなのです。皆がやりたくない役をこなすことができれば、必ず成長に繋がります。それは会社においても同じです。

会社でも、お茶くみの役割に、「何で自分がやらなくちゃいけないんだ」と思っても、「配役」だと思うことで違ってきます。

相手に「コーヒーの豆を変えたのか」と言わせてしまうくらいのレベルで格別のコーヒーを入れてやろうと考える。そうすることによって雑用を任されていただけの「役」が自分の役割によって腕利きの「雑用係」としてピカ一となれば、周囲から一目置かれます。雑用ではなく、感動を生む業務として捉えていくことで、自らの手で、その価値を生み出してしまえばよいのです。

Ｉ：「感動を生む業務」だと、誰もがそうやって雑用でさえも捉えることができれば、俳優さんがお客さんを感動させて新しい空間ができるように、感動を生む雑用が会社の雰囲気を変えてしまう。これが空間を創るということになるのですね。

K：重要なのは120％「役」になり切れるかということ。これは「役創りメソッド」として研修やトレーニングの場ではお伝えしているのですが、理屈抜きで瞬間的になりきることで、感情次元でも思考次元でもなく、もう一段上のイマジネーションを稼働させる。感性の次元が働くことを体感していただけます。

人間は単純な作業を機械的にやることが苦手です。ただ機械的にやれたとして、相当技術を磨かないと、同じ味・スピード勝負でコーヒーメーカーに敵《かな》いません。

人間とコンピューターで処理能力を競争した場合、コンピューター（ＡＩ）の方が強いけれども、その優秀さとは違う側面が人には求められています。

そのどんでん返しが起きるのは、心に踏み込めるのは、人間にしかできない特別なことです。人間を感動させる、心に踏み込んでいく。今まさに社会は、何かコイツは違うと思わせられる、そんな何かができる人を待ち望んでいるのです。

非常事態で会社に出向けなくなると、一人で色々判断しなくてはなりません。

でも、それは逆にチャンスでもある。自分を振り返り、自分には何ができるのかをイメージして、毎日、自分が最高のパフォーマンスをしている場面を想像してください。それを続けると、何週間、何カ月と会社に行っていない間に、「彼ってこんなにできる人間だっけ」と思わせられるようになるのです。

この「役創りメソッド」を活用し、脳内を120％塗り替えることで、短期間のトレーニングでも効果は格段に表れます。脳内で最高のパフォーマンスをあげることで、イマジネーションによって創り上げることで、自らの波立つ感情の揺れを俯瞰し、その感情をそのまま受け止め、新たな次元で行動できるようになるのです。

つまり感情を一旦黙らせる、受け止める。これは、意識に「麻酔をかける業《わざ》」というマインドの法則のメソッドでもあるのですが、それを実践することで在りたい世界を自ら創り出すことだってできるのです。そして、先ほどの図の感性レベルで仕事ができるようになれば、そのマインドポジションは社会的視点に到達しています。それは会社を動かす経営者の未来のビジョンの領域に匹敵するので、相当な確率で社長室からお声がかかるということが、会社の規模を問わずこれまで何度も起きています。

I：マインドポジションを引き上げることは、在りたい世界を創りたい人にとっては非常に重要で、その実現のためには必要不可欠なポジションですね。

時間軸を自分で創っていくことで、働き方が変わる

K：本来仕事というものは役を貰った時点で、自分の中でシミュレーションして役創りを完成

させて初日を迎えるべきなんです。俳優の世界には、やってみなければわからない、というのは通用しません。配役で与えられた人物を自分の内面から創り上げていくことで、その役割というものが明らかになる。そうなると台本通りに演じるということを超えたスイッチ、覚悟が入る。与えられた筋書きをただ演じるだけでは、例えば予定調和なラブシーンなんて全くつまらない。どのように役を演じていくのかをイメージして役を創り込んでいく作業が楽しくて仕方ないはずなのです。そうでないと俳優なんてつまらない仕事。

ところが、一般社会においては多くの場合、出たとこ勝負になっています。

会社がつまらない場所だと思えてしまうのならば、自分の役をどうやって魅せていくのか、セリフをどのように表現するべきなのか、自分に何ができるのかに立ち返ってみる。

自分なりに役を創っていく、イメージしていくというのは非常に楽しい。更にその楽しいことで喜んで貰えるなんて、こんな幸せなことはありません。

自分に仕事という役割を貰ったと捉えれば、1日の時間割が相当、自分時間になります。例えば、どんな面倒な会議であっても、ロバート・デ・ニーロ風でいこうとか、ゴッドファーザー風でいこうとか、映画が好きな人は映画で、歴史が好きな人は歴史上の人物でもいいのです。そのワンシーンを使ってやってみるだけでも、会社が決めた時間割に対しての配役、つまり「役創り」をしていくことで自分時間が生まれてきます。

それにより時間軸を自分で創っていくことも可能です。

役創りを楽しめば楽しむほど評価される。それがクリエイティブな働き方だと思います。

マインド塾の塾生の中でも、表現するということに苦手意識がある人は多くいます。最初は言われた通りにやるのが精一杯で、間違えないように、ということばかりに気をとられているのですが、自分なりの演じる観点を持つと視点は自ずと変わります。与えられたセリフを丸暗記して棒読みするところからはじめたとしても、演じる世界観が広がり、自分の内側の情報が色濃く豊かになると気づくことで、表現のパフォーマンスはガラリと変わっていきます。

I：一般の仕事に活用することも大いにできますね。例えば、石を左に運ぶ、という役であっても、役割がちゃんとできていれば、その石をつまらないものとして漠然と運ぶのではなく、置き方とか、運び方とか、形とか重さに合わせて動くとか、自分なりに工夫して役を自分のものにすることで印象に残すこともできますね。

企業での研修の実例

I：仕事の現場でのお話を、具体的に伺いたいと思います。久瑠さんは色々な企業からもご相談を受けてらっしゃいますが、どのような研修をやってらっしゃいますか。

K：私が扱うのは人の心で、マインドの研修です。9割の潜在意識に働きかけそれを駆動させていくマインド研修です。一人ひとりの行動変容がなければ、その組織、さらにその未来は変わらないからです。目指していくのは、参加するだけで言動が変わってしまう、「空間と時間」

を研修で創り出していくことです。参加者の無意識から高めていくことで、研修後、参加した人達がその会社で働ける自分に喜びを感じられるようになり、その会社の社長の視点をも遠隔で一段上げていくイメージです。

「形ばかりの研修では何も変わらない」、そこに多くの人は気づき始めています。けれど「ではどうしたらいいのか」については答えが見出せていないというのが現状だと感じます。例えば最初に人事部や研修担当の方と話すことが多いのですが、研修の依頼内容はどの企業も大きな違いはなく、お話を聞いてもピントが曖昧で何を変えたいのかが明確になっていない。研修によって何か変えて貰えると期待はしていても、実は、そこそこの変化というのを求めています。

「本当に変えていいのですか？　ここからこの状態までもっていきますが、よろしいでしょうか」と伝えると、「一回でそんなにですか……。もう少し段階的にいきましょうか」となって、想像を超える変化に自分自身がついていけなかったら、と保身的になってしまう。つまり、その研修担当の方は実のところ、潜在意識の変化までは求めていない。というよりも、表面的な研修、つまりそこそこの効果でタメになる、「やった、習った」という、領域でいえば顕在意識の研修を求めている。

企業の成長を望むなら一人ひとりを変えないといけないと口では言っていても、いざ本当に大丈夫かと問われれば、大きな変革に対してはどうしても保身的にならざるを得ない。これが実情です。

何人、何百人であろうとも、一人ひとりのマインドと向き合う時間と空間を創り出して研修を行い、それぞれの潜在意識に働きかけ、誰もが持っている潜在的力を引き出していくことが、私に託された使命です。

未来をどうしていきたいのか、潜在的な可能性を拾い上げ真に求める、在るべく指針を明らかにして、実現可能なマインドを創り上げていくのが私の研修の役目です。

そうした潜在的な力を欲している企業はたくさんあります。限りある時間には優先順位がある。超えられない壁はない。その壁としっかり向き合えていないことが問題なんです。「どうやって変えたんですか!?」という感動を人事や社長に体験として残したい。その企業の根っこ、目に見えていない潜在的なところを変革することで、今咲いている花が未来、より一層美しく、豊かに実を結ぶのです。

I：先ほどのお話で、担当者が会社を四角い箱だと思っていたり、自分はそこそこやっていけるから、まぁいいやとどこかで感じていると、変化そのものが何か得体が知れなくて怖いんですね。

K：そうです。そこで社長と話すと、「本当にそのスケールで、そこまで変えられるのか？」と聞いてきました。「私にできるのは9割の潜在意識へのアプローチ。だから劇的にしか変えられないんです。やるかやらないか、どちらかしかありません」と伝えると、社長は「凄いな、やってくれ。でもどうして会ってもいない、何もする前からそこまで言いきれるのは、勿論これまでの経験からなのだとは思うが……」と話されるので、「自信があるというのではなく、成果は相手次第でなく、自分次第だと受け止めているからかもしれません。そうでなければ仰るようにやってみなければわからない、となってしまうでしょう。つまり会社の現状やこれまでをどれだけ知っているかでは、むしろ変えられない。私に変えられるのは会社の未来だけです。その未来を共に創る人間のマインドを創ることが私の研修の目的です。そこには覚悟が必要です」と伝えると、社長は「覚悟か……、確かに。僕自身が、社員が変わると信じてない……そのことが問題かもな」と気づかれたのです。会社にとっては、研修を受けるのは社員であって、その人達を変えられるかどうかは私次第、と考えていたはずです。

企業の未来を動かすためには、現在表出している問題だけでなく、潜在的な何かに触れ、根本から変えていく必要があるのです。

今の力（顕在能力）に対して変化させるというのでは単なるバージョンアップにすぎない。それはなんとなく変わったように見えますが、根っこが変化してないので、似たり寄ったりです。潜在能力を活性化させるというのは、全く違う。バージョン違いの何かを創り出す、というのが私の研修です。

こんなエピソードがあります。研修後に社長が受講者と廊下ですれ違い、「今期、調子はどうだ」と問いかけると、「大丈夫ですよ。まだ数値には表れていませんが、今、自分の中ではすでにイメージできていますから、それを実行する段階に漸《ようや》くさしかかっています。実現した時にモノ凄いことになるから楽しみにしていてください」と返答され、「びっくりしたよ。こちらが励まされてしまったよ。どうやって、何をするとあんなに変わるんだ」と、私が想像していたセリフを社長からいただきました。

脳内の変化を起こすのは可能です。でも、多くの人間は古いキャッシュが残っているから、古いモノが検索で引っかかってしまう。そうやって無意識に変わらない何かを求めてしまっている。だから変化を拒み続けることで変わらないだろうと思ってしまうのです。

I：研修に出ていない社長のマインドをも変えたということですね。目の前にいる社員の言葉に、自分が信じていた世界がひっくり返るような感覚で。言い訳ばかりされていた社員に不意打ちに視点を上げられる。まさに遠隔トレーニングですね。

K：「できない」が前提にあると、どうしてもできる範囲でやろうとする。先回りしてやれない理由を探し、言い訳をしてしまう。だからやらない方がいい、という何もしない人間が誕生する。

その社長は、できない理由を言うのが普通の社員だと思っていたのが、「誰だコイツは」ということになって、彼の名前と顔が強く印象に残ったそうです。その社員の方というのは、それ以前は、何千人という社員の中で特に印象になく、「あれは誰だ?」という程度の存在感だったようですが、研修で今まで自分にできるとは思っていなかったことが、できる可能性を見出すことができ、それを会社に役立てていきたいという使命感ができたのです。

その次元まで受講者たちのマインドを高めていければ、自ずと潜在的な力を発揮してくれる。「うちの会社は可能性を信じてくれる。自分の可能性を信じてくれるそんな会社に何が返せるか益々やる気が出ています」、そういった発言が生まれてきます。このような発言が出る空間と時間を創り出すのが、私にとっての使命です。

自分の未来は、誰でも信じることができるはず。勇気さえあれば

I：会社も、社員も、実は9割にも及ぶ潜在能力を活用しきれていない。あるいは蓋をしてしまっている。それでは活き活きと活躍することはできない。ここでもやはりマインドポジションを引き上げる、という必要が生まれていますね。俯瞰して、未来を見る……。

K：自分の未来は、誰もが信じることができるはずです。勇気さえあれば。

しかしその勇気が持てないことで、変化しようとすると自分が大変になるのでは、とどうしても保身的になってしまいます。大変という言葉の通り、大きく変化すること＝大変なことと感じてしまうからです。まさに先ほどの人事部がそうだったように。「大きく変わることは望んでいない、少しずつでいいんです」という言葉になってしまうんです。

「前には戻れない。前に戻る必要はないから安心してください」と言うと、またそこで自己保身が働き、「自分達はどうなるんだ……。よく考えなくては」となる。これでは変化など起こ

りません。

また別の外資系大手企業から研修のオファーがあった時に、社長の右腕で改革を託されたカナダ人の方がいて、今まで7年研修をやってきたけれども変革できなかった、と相談されました。

私は、この会社が変われなかったのは、いわゆる日本的な組織で、単なるバージョンアップ研修に留まっていたからだと考え、私なりの研修を提案しました。

すると、「それはどうやってやるんだ」などと役員がざわめいた。カナダ人の方が、「どう変わるかはやったことがないのだから、とにかくやってみよう」と言っても、「やっても変わらないんじゃないか」とぶつぶつ言っている。心を扱う研修においては、研修内容が身体化してからでないと、研修の実感がわかりません。例えるなら、自転車にどう乗るのかという研修があったとして、いくら自転車の機構の説明をしても乗る体感がわからなければ、乗る、という意味を理解できないのと同じです。研修も同じで、そこでまずその役員のために模擬研修を実施して欲しいということで、十数名でワークショップを開催しました。その結果、カナダ人の方が「ほら、変わったじゃないか。久瑠さんの研修はまさに行動変革をさせるんです。この今感じている体感こそが、研修そのものの効果だし、それは目に見えるものでも数字で表されるものでもないんだ」と言い放った瞬間、目を背けるようにして皆、俯いてしまったんです。

I：図星だったんですね。わかりたくないというか、わからないままにしておきたかったというか、そんなのわかりっこないだろうと言うのにも訳があるんですね。

K：別の研修の例もご紹介します。

ここは技術（科学者など）に精通した世界的な技術系グローバル企業。工学的なものを学んでいる技術的なプロ集団ですから、その分野を知らない人間が突然やって来て、自分達の意識に変化が生まれるだなんて想像もしていない。先ほどの上場企業もそうですが、企業で行う研修というのはいつだって「この人いったい何者なんだろう」というアウェイ感から始まります。

社員の方は「メンタルトレーニング」と聞いても反応が鈍い。メンタルには興味があるんですが、単に概念的に学ぶのが今までの彼らのスタイルでした。

私のやろうとしている世界は、概念的なレベルで話をすればするほどわからなくなります。例えば、先ほどの自転車の例ですと、その乗り方を学ぶのに、ハンドルとは何かとか、角度がどうとかという知識を教えたり、ブレーキはこう踏んだらいいという方法論を頭で理解しても実際には乗れない。実際に身体を使い、感覚で学んで体感にもっていかないと自転車に乗ることはできません。

そのように説明していきますが、最初の何分間かは頭だけで聞いていて、心が動いてない。ただ、どのようなというのはなかなか説明が難しいですけど、ちょっとしたきっかけで、この人本気だということが伝わります。

するとリーダー的な管理職の人達が「何か変えたい」という気持ちで臨み始め、心が動き始め、「この人の言っているその世界を自分も見てみよう」となります。

そこからが優秀だと思うんですけど、「それで本当に変わるんだったら、出された課題はやってみようかな」という気になって、率先して課題をこなすようになるのです。そしてちゃんとやってみたら、「あれ?」と。まさに自転車に乗れる体験が生まれ、変わるというのはこういうことかもしれないと初日に感じて貰えてその研修は大成功。

『マンスリーワーク』という、毎日自分と向き合い続ける課題を出すと、始めは、毎日自らの心と向き合うという習慣がないので、面倒くさいという感情が強く出ます。けれど自転車に乗れる体感があるかないかで違いがわかるのと同じで、やっていくうちに皆が体で覚えていくことで変化していきます。

最終的に、研修を受講した人達が言ってくれたことで印象深かったのは、「海外出張に持っていくものは、今までは財布とパスポートだったのが、久瑠先生のワークシートが加わって3点セットになった。ワークシートの課題に向き合うことで、自分の仕事が凄く必要なものだと見えてきた。シートと向き合うことで自分の心を見失わずにいられて、そのことが自分のパフォーマンスを変え、潜在能力を引き出してくれるんです」と、自らに起きたことを言葉にして伝えてくれたことです。

変化を恐れる人にとっては、私は天敵だ

Ｉ：変化を恐れる人達って実は結構なポジションに凄くたくさんいるんだと思うんですよね。

Ｋ：そういう人にとって私は天敵なわけですよ（笑）。

先ほどの外資系企業の例に戻りますが、カナダ人の方が、変化を恐れる役員に向かって「変わりたくないのは君たちじゃないか」と言うと、こう言い返したのです。「あなたはわかっていない。僕らはこの会社に何十年といて、この会社がどれだけのものかわかっている。つい何カ月か前に来たばかりで、そんなことをしたらとんでもないことになる」という話になってしまった。

カナダ人の方は、「凝り固まった考え方を揺るがした気はするんですが、頑丈なブロックが強烈な抵抗を生む。彼らは更なる高い壁を作ることに慣れていて、僕らはその宿敵のようだね……。彼らはブロックそのものだ」と冗談ぽく私に言って、「久瑠さんのやろうとしていることは本当に必要なこと、真の改革なんです。ただそれを受け入れる覚悟のある企業が日本には非常に少ないような気がするな」と言っていました。

Ｉ：変わらなきゃと言ってる人ほど変化を恐れている人が多いということですね。

K：太り続けている人がダイエットしなきゃ、と言っているのと同じです。ダイエットは痩せるためにするものなので、痩せているのにダイエットしているのは病的。ダイエットに励んでいるのに太り続けているのは、ダイエットするのが好きな人なのか、無自覚にダイエットに取り憑かれているかどちらか。ダイエットするのが人生だと思っている。ダイエットをいかに続けていくかが人生のテーマにすらなっていく……。もうダイエット研究家ですね。そのためには、自らが太ってないといけない。無意識はそのために必要な、太っている体形をキープする必然性を追求するようになっているんです。無自覚な願望というのは相当に厄介です。

【仕事】

I：次に仕事について伺います。世界が変わる時に企業は変化していかないといけないということでしたが、仕事、働き方についてもお聞きできたらと思います。

優れた営業マンはパフォーマーである

K：仕事は「事」に「仕える」と書きます。

人間は、事を処理する際に、感情を入れたり、さまざまに思考し、考え込んだりすることで手を止めてしまったり、淡々と行うことが苦手です。

淡々とやるという作業はコンピューターが最も得意とすることです。コンピューターを超えるために必要なのは、この「淡々とやる」能力に加えて「最上の成果を生む」〝いま〟を超えるという感動の創出ができるかどうかなのです。本能的・感情的なままの状態では無理で、歯が立ちません。それを抑制する能力もまた必要、という証拠です。淡々とできるというのも、非常に重要です。

私のトレーニングでは、感情を抑圧したり、思考する力を無理に高めようとするのではなく、パフォーマンスそのものを高めていく潜在的な力を引き出していきます。そこで、マネージメントするのは感性。感性でマネージメントし、淡々と従事するだけではなく、感動しながらやってのける。

時給という考え方がありますが、1時間の中でどれだけのことをこなせるかということがまずあり、さらに今度はクオリティ(質)が問われてきて、その総合として、時間給というのが生まれる。

このクオリティが乗っかってくると、プロになります。仕事とどう向き合うかというと、やっぱり入社初日からプロフェッショナルの質が発揮できるレベルを目指してほしいと思います。自分の仕事の流儀というものを初日で魅せられるかが大事ですね。そういう観点で働くことによって成果に繋げていく、そんな仕事人になって欲しいと思います。

必殺仕事人ですね。それができるのがプロフェッショナルマインドの持ち主です。「何をやる」ではなく、「誰がやる」です。

I：仕事をこなすかっこ良さ。

Ｋ：例えば営業で、あの人が会うと契約が全部決まってしまう。保険の場合、あの人だと保険の内容を案内する前に、決まってしまう、という話を聞いたことがあると思いますけど、優れた保険の営業マンは、感性で保険を売っているパフォーマーなんですよ。

仕事のこの「事」というのはパフォーマンスというとわかりやすい。自分の「事」として捉え、魅せるパフォーマーになればいいんです。営業をパフォーマンスとして捉え、イマジネーションを働かせていく。するとその営業マンに会った瞬間に、「あっ、この人と人生を歩みたいな」と思ってくる。その人と付き合うためには、この保険で繋がりたいなと思い、その人に委ねることが生まれます。パフォーマンスの低い営業マンは成績が悪い。それはお客様に会う以前の問題なんです。売り物は保険ではなく、その人との繋がり、その「＋α」の側面に磨きをかけることが重要なのです。

それは信頼です。それがないのに保険だけを売ろうとする。売れない人は、まず保険の説明をしてしまう。凄く親切に説明をいっぱいする。不動産屋さんでも何でもそうだけど、モノを売るつもりで説明をすると、焦点は当然モノだけにフォーカスされるわけですから、自ずと物理次元に視点が下がり、知識がない人からすると、「ちょっとわからなくなってきたので、よく考えてまた今度にします」となります。わからない人にわからないモノ、つまり保険の説明をすればするほど混乱され嫌がられます。

初回から「何かこの人の話を聞いてみたいな、次回また来てほしいな、この人と繋がりたいな」と思って貰うのが営業の本質だと思います。

I：保険は自分の人生の在り方を託すわけだから、数字だけのものではないというのをお客さんは薄々知っている。その人に数字だけの話をしても、はいそうですか、でおしまいですが、信頼できそうな人がいると、未来を託す気持ちになります。自分が売る商品が、単なるモノでない、ということは言葉で理解してはいても、実際、お客さまに対しどのように接したらいいか、というのを理解できている人は多くないのかもしれません。

K：難しく考えれば考えるほどハードルは上がります。一番の問題は、自分がモノを売るだけの人で終わるのか。相手に悦びを与えることからはじまり、自分がその場の悦びを得る人で終わるのかということなんです。例えば、お茶碗一つでも、そのお茶碗をめぐって、お客さんとどのように接しているかです。その場で起きることは、お茶碗というモノについての会話では仕方がないのです。お茶碗は単なる土を焼いたものではなく、作陶した人のマインドが込められていますし、そのマインドをお客さんと分かち合う時間と空間を共有することができます。ここで大事なのは、モノとしての茶碗でも保険でもなく、形のない時間と空間が創り出す価値です。幸せを共にできる人を誰もが求めているということです。それが相手のニーズに応えるということです。

例えば美術館で一枚の絵を観た時に、その作者との対話が生まれて、それを描いた人の思いと対峙して、絵の前でずっと対話ができちゃうという感覚を創造してみてください。これはもう、物理的なその絵というモノを超えています。

風景画であれば、どう景色を捉えているのか、人物画であれば「この人、人間好きなんだなぁ、女性が好きなんだなぁ」という感じを、お客さまと共に体感するのです。

例えばルノアールの描く女性で何を感じますか？ 彼の目になってその少女を観ていく、そこには愛しさがあふれていて、とにかく愛でている。その美しさに心で触れている。彼の心がそれに動かされて描かされている。ルノワールの感じる美しさと愛しい想いが、その対象と彼の間の空間と時間に満ち溢れていて、その甘美な場を共有できるという幸せな体感があります。

彼の目にはあのように映っていて、だから、あの肌の塗り方一つにしても、捉え方にしても勝手にデフォルメしちゃってるわけで、モノとして描いていない。何というか愛で描いている。モチーフをしっかりと意識しているけど、そこを超えて、彼の感じる少女になっている。

頬は燃え上がりそうなバラ色で、柔らかな髪は天女みたいになびいていて、神々しいほどに透き通った瞳など、彼の願望までもそこに描かれているような世界に観る者を誘《いざな》っていく。その世界観に魅せられることで凄く幸せになるし、そうした感動を共有することができます。

あの異様なまでに魅力的な女性達は、彼がその対象を魅力的だと感じるところから生まれます。彼の感性で浮かび上がった対象に、私達の感性がシンクロし、あの女性の魅力に引き込まれていく。まさに、感性に訴えてくるのだと思います。

この感性で響き合うことができれば、私達は「欲しいな」と思います。そういった感性で描かれた絵には敵わない。機械的に上手く描かれた絵に惚れない理由はそこだと思うのです。人間にとって最も高次な求めてやまない神秘的な欲求のスイッチを入れられる瞬間というか、何百年も時代を越えて人々を魅了している説明つくせない「何か」なのだと思います。

だからこそ仕事もパフォーマンスとして、単に上手に説明ができる人から保険を買っているかというと、そうではないんじゃないかなという気がします。

単に説明されるだけだと、9割の無意識が疑問に思う

I：お客さんは生きている人間で、人間は共感したいことを望んでいる。そういう時に単にモノに焦点を合わせるのではないパフォーマンスが生きてくるんですね。

K：ただ単に説明されるだけだと、9割の無意識が疑問に思うんです。9割の無意識が、この人好きとか、この人は信頼できるとか判断して、さらにその人にこの先ついて行きたいと思えるかどうかになると、残りの1割の顕在意識はパンクするんですよ。

逆に9割を無視して1割の方にどんどん情報を入れられると、理解しようと思ってもキャパシティが小さいわけです。それがもうヒートアップしちゃって、ファ――――ってなっちゃって、パソコンと一緒でショートしてしまう。ワ――――ってパニックになって、「あ、ちょっともう今日はいいやっ」、逃げたいという気持ちになってしまいます。

多分説明してもらってもわからない（本当にわからないでは困るんだけど）、でも、この人

はわかっているだろうなと、感じるわけです。ある程度のところの知識でいいんですよ。概略で。一番聞きたいのは、「損する点、得する点、どれだけ損して、どれだけ得するか」ということがわかればいいわけですよね。細かい、これはどういう風に計算するとこうなるというようなことではなくていいんですよね。

さっきの自転車の例ですと、自転車ってこういうもので、買うとこれぐらいしてという話をさんざんした上で、「じゃあ、乗ってみましょう」と言われても、もうアップアップしていて「また今度に……」となります。乗ると楽しいですよ、風を感じられるのですよ、という感覚的な視点によるビジョンがないんです。

I：今の観点は、他の分野の仕事においても当てはまりますね。

K：そうです。パフォーマンスだと思います。全部の仕事が。

トレーニングや講演会を通じてお伝えしたことで、私と話した方は今は感性の時代で、それぞれが自らの感性でパフォーマンスする表現者でなくてはならないと気づく。時代はそういう方向に向かっていく必然性を持っていますが、今の社会は決して感性が生かされやすいとはいえない。むしろ、感性というものは未だ得体のしれない何かのまま。

しかし、この理解は実践されていないと思います。

ビジョンが大事、そのためにデザインが大事、発想をもっとアートにしていった方がいいとか、経営にもアートを入れていくという風潮が生まれ始めてはいるけれど、まだどこか机上の空論で頓珍漢な導入で変革に到らないわけですよね。

美術だ、アートだと言って、社長室に絵画を飾ったところで、何が変わるというのか。「この絵、実はいくらしたんですよ」という話とか、社長は一人で興奮しているかもしれないけれど、その興奮は、やがて醒める興奮。

一枚の絵から得られる本質を見る目を学ぶことが大事なわけです。それを本当に感じられて、はじめてデザインを取り入れていけると思うんですよ。さまざまなクリエイターとのコラボレーションも上手くできていくと思うのですが。

本質を感じられないところでは、物理空間においては無理なものは無理。

けれどマインド空間というのは無理ではない。だから、今チャンスと言えばチャンスです。物理次元が停まっている、変化を余儀なくされている、という現在の状況は一見不自由でやりようのない、動かしようのない世界のようでいて、じつは凄くチャンスなんです。

I：新型コロナで経済活動が止まり、一方過去の既成概念から抜け出せない今こそ、マインドの法則の視点が要請されるわけで、感性の時代に向けての潜在的な指針となると感じます。

【家族】

I：次に、家族の問題について伺います。今後の状況の中で、家族の在り方も変化していくのでしょうか？

血の繋がりではなく、マインドの繋がりが大事

K：改めてこの「家族」という字を見ると、「家」という字に「属す」ではなく「族す」。これすごい言葉だなと思いますよね。

文化を共にするというか、否応なしに共同体になるというか。

I：民族の「族」ですものね。

K：少し前に私、『ライオン・キング』の実写版の映画を観たんですが、改めて考えるとあの話には随所にとても深いメッセージがあります。

自然との共存という観点で、あの物語は人間達が学ぶべきことがたくさんあって、王であるムファサのやや大げさすぎるセリフも、まさにこの時代の「共生」という在り方を問う、人類にとって非常に大切なことを伝えていると感じました。

家族を自分の一族だけで捉えるのでは、見失うことが多すぎます。

ライオンがライオンの一族だけのことを考えたら、ムファサのようにはならない。

息子シンバがやがて次の王になるための心得を教え、自分達の「定め」を伝えるシーンがあるのですが、自分たちの立場・役割を、丘の上に立ち、太陽が当たる全てを守っていくのがラ

イオンの役目なんだよと語るんです。

世界を守っていく在り方が大事で、それはライオン一族だけのことを考えて自分だけの視点で行動してはならないと伝えるのです。

陽の当たる全ての場所が我々の王国なんだと。生きとし生ける全てのものと共存していくことの重要性と、それら全ての調和的サークルを守り続けることが王としての役割なんだと伝えると、幼いシンバは、でもライオンはシマウマを食べるじゃないか、それはなぜかと問いかけます。

ムファサは、自分達もやがて死んで地に還ってゆくこと、それがシマウマたちの餌になる時もくるんだという意味のことを語ります。

そうした摂理で世界は成り立っているから、この王国の王であるライオン達がその世界を守らなければいけない、という尊い生命を預かった役割としての覚悟、在るべき姿、王としての在り方、まさに生き様を父として後継者である息子に伝承していく。

自然界のサイクルの中心に自分たちがいるんだということを自覚させるのです。

I：マインド、精神面で身に着けるべき美学を教えていくんですね。

K：一方、ハイエナの群れはその世界のダークサイドとして描かれていて、とにかくお腹が空いたら何でも食べたいという自己本位な在り方、堕落した在り方が浮き彫りになって、残念なことに、自分の実の弟はライオンでありながらそういうダメな方と惹き合ってしまう。

人間社会においても家族を考える時、自分の家だけは大丈夫という考え方に、人はもっと違和感を感じなくてはならないと思います。血縁というか血の繋がりだけでなく、もっと家族というものを大きく、地球次元で捉えていかなくてはならないタイミングにきていると思います。

まずは、この世に生まれてきた一人ひとりが、自らの命に対して、改めて受けとめ直していくこと、そして何のために生きるのか、という生命の尊さを知る次元までマインドを引き上げていくことが大事だと思います。

I：単なる血の繋がりという、個人的な物理的次元のみを重視する見方では、もうダメだということ。

K：今はまだそこまでいっていませんが、もうすぐ、そこまできていると感じます。「自分」という概念から抜け出せなければ、やがては生き辛さを感じることになる。主観でしか物事を捉えられないということ、それは自分以外、自分たち以外はどうでもいいという考えを無自覚に生み出してしまいます。やがては、「子孫繁栄」の概念も崩壊するかもしれない。例えば、自分で選んで結婚した相手のお父さん・お母さんとの繋がりというのは、血の繋がりでなく、マインドの繋がりからくるものです。

他者の親、他者の子、他人を愛することで人類は繁栄するけれど、そうでなければ意図せずとも、自らを崩壊させてしまう。

血とマインドのどちらが大切かということではなく、血の繋がりを超えたマインドの繋がりを尊いものと感じられる人間が増えていくことで、世界には間違いなく高次の愛があふれるし、平和が続くでしょう。人類が真に試されているのは、自分を、自分以外の誰かを、未だ見ぬその誰かの大切な何かを同じように大切にできるか、ということ。

他人と自分の境界を超える**マインドビューポイント**（心の視点）を高くとることができれば、認め合う、分かち合う、助け合う真の共存が生まれる。そう感じます。人間は動物であるとともに、生き物としてのリーダー的存在であるという使命、在り方を見つめ直すことは、このパンデミックにおいて、非常に重要なことだと思います。

I：なるほど。今、家にこもることが多くなったことで、身近な人の、今まで見えていなかった嫌なところが見えてきたりして、ついつい腹を立てたりしている人も多くいると思うのですが、今のお話の観点で捉えることは非常に大切ですね。

自分の都合、というのが露わになる

K：腹を立てるという感情の動きで、露《あら》わになってくるのが「自分都合」ということです。

例えば赤ちゃんが泣いた時、いい大人が、赤ちゃんが泣くことを嫌がります。

でも、赤ちゃんは泣きながら生まれてくるわけで、これは生きている証なんです。泣かない赤ちゃんはむしろ危険です。泣くことは、生まれて生きていくという仕事を懸命に遂行しているわけで、この仕事を助けることは、当たり前に課せられた大人の役目です。泣きやまないという生理現象に何故イライラするのか、感情的になるのか、そこから考えていかなくてはいけないと思うんです。

I：腹を立てるのは、自分都合だけしか考えていないからですね

K：要は自分の都合で動いてくれないから、「静かにしなさい」と叱ります。でも子供は3分も待たずに忘れて、また騒いだり暴れます。それが子供の仕事です。それにイライラするということは、修行が足りていないのはまさに大人の方なのです。

自分で好んで、選んだ相手と共に築いた家族といて、自分本位で物事を見てしまい、時として自分以外の存在に対し障害とすら感じてしまう。不平不満をためては、あの人はああだこうだと言ってしまう。子供と同様です。

家族というのは、自分だけの空間に自分以外の他者が入り込み、そこで他者と共に生活する、という営みが始まるわけです。この営みを続けていくと離れたいけど離れられないしがらみが生じてしまいます。しがらみではあるのですが、営みを続けていくと自ずと愛着が生まれてきて、情がわく。この情というのも生命としての本能に基づくものですから、見えない制約の中

に実に巧みに縛られていく。これもまた人間の意識が生み出した因縁というものかもしれません。

I：ついつい自分の都合というものになってしまう、さらには愛着に捉われる、厄介ですね？

K：そもそも自ら選んだことから始まって、にも拘らず、いつしか選べないという不自由な感覚、時に不都合さを味わってしまう。

不都合という言葉は、都合が悪いということですよね。その都合を変えてみる、という観点に立つことで好都合にできるんです。現実の受けとめ方を変えて、感じ方そのものを変えてしまうということです。

例えば、身近な人がダラダラしていて腹が立った時、「この人は、ただ、だらだらしていたいんだな」と、見ればいいわけです。それがいいか悪いかの判断はあくまでその人にさせる。幾ら近しい間柄でも、家族であれば尚更、批判ではなく、「在りのまま」をそのままに共感することから入ることで、よき理解者「わかってくれる人」という味方になるのか、戦いの相手になるのか、敵になるのかということ。

「あなたはいつまでだらだらしているの？」と、そんな聞き方をしたらまた喧嘩になると思います。感情的になるところではないのに感情的・感傷的になったり、あの人は自分を見てくれてないいんじゃないかとか、「もっとこうして欲しい」といらない期待をしていたりとか。

自分視点だけの「こう在るべき」を無意識に抱いていたりしていると、齟齬《そご》が生まれてきたりもする。だから本当、家族というものは、生活を営んでいるという物理次元においての共存と、お互いのマインド次元で理解しあって暮らすという在り方、さらにそれぞれの感情自体にも意識できているものと無意識のものが錯綜《さくそう》している。つまり、そこにはマインドレベルの違う階層を含んだ重層的な関係性が生まれています。その中で生きることそのものが「修行の場」だと思うんです。

未来、現在、過去を俯瞰して、波長を合わせる

I：今回の件で、家に子供がいてごはんも作らないといけないから大変、という仲間もいました。その人に「見方を変えると小・中学生なんて普通は家にいない。子供と長い時間べったりいられる機会なんて金輪際《こんりんざい》ないよ。この数カ月だけのことだと考えると、この状態がラッキーで貴重、なんか面白いことができるんじゃないの？」などといろいろ、無責任に言ったんですけど、見方を変えるだけで変わりますよね。

K：そう！　そうです。相手の見方と自分の見方、その波長が合わないと、言われた瞬間にカッときてしまう。何でこんなことを言うのだろうか、という違和感を覚える。
　でもこの違和感というのが波長の相違なんですね。そのズレをむしろ楽しめるよう観点（波長）を変えて、受け止めるということを先回りしていく必要があります。

未来、現在、過去という3つの視点のうち、「現在」だけの観点で捉えると、波長はなかなか合わないんですけど、「未来」を意識に入れて、さらに「過去」はこうだったと、同時に両方の視点が必要なんです。

「まぁ、そうだったよね」とわかった上で、未来どうしていこうか、という会話になってくるんです。そうすると、違和感は一つ高いレベルで解消します。さっきの「あなたはどうしてここでダラダラしているの？」と、現在だけを見て言われると、ちょっとムッとくるわけですよ、旦那さんからすると。

例えば、奥さんが「どうして靴下をいつもここに放り投げるんですか」と聞くと、旦那さんは「片づけるのがお前の仕事だろう」とか言っちゃったりするわけですね。波長がずれているんだけど、これ、本音なんですよ、全部。だけどそれは、家族であるが故に正直に言っていると思うと、ウソをつかれるよりはいいわけじゃないですか。「いいのよあなた」と我慢をし続けていて、熟年離婚となるよりは余程いいわけじゃないですか。「こんなところに脱ぎ捨てて、私もうあなたとは口をききません」と言ってるほうが可愛げがある。

ここから、先ほど述べたように視点をふわっと広げていくと、「この人どうしてこうなんだろう？」（過去）というのと、「どうしたら靴下を片付けてくれるんだろう？」（未来）というのが生まれて、「靴下ここに入れると面白いんじゃないか」とか、洗濯物の箱を目立つように置いて「投げてみて！　入れられるかな？」とか、ゲーム感覚で遊び心を持って家事に参加してもらう。ユーモアで笑わせてみようとかの余裕が生まれれば喧嘩にならない。日常にも遊びの要素を入れるとか、冗談が通じない堅物の旦那さんなら、「靴下用のタンス、こんなの作りました」とか、「脱いだものはここに入れてください、ご協力ありがとう♡」、とか普通にお願いすればいい話です。要は一人で頑張らないで共同作業にしたらいいんです。自分だけが、と思うから独りよがりの屁理屈が生まれてくる。事実と違うことで言い争ったりして、傷を大きくしてしまうのです。

だから、家族間の喧嘩は伝え方の問題というのがほとんどです。その原因を根深いものにしてしまい、生み出しているのは9割の潜在意識に入り込んでしまうからです。自らの無意識と相手の無意識の対戦が起きてしまい、手の施しようがないことが生じてしまっているんです。

イマジネーションを働かせて、先回りして見ることも楽しんでみる。今まで習慣ができてないものを、奥さんが、「よし、この作戦1はOK…、2はダメだ、3は……」とかやっていくうちに、×がいっぱいついてるのを冷蔵庫の上に貼っておく。それを旦那さんが見て、可愛いなと思ったり、要は互いの空間で遊べると思うんですよ。今ならば、そういうことができると思うんです。

通勤の時間に1時間かけていた人は、今なら合計2時間、自由に何かできるし、それを家族との時間や、何か面白そうなことにトライする時間に充てていくのもいいと思います。

まずは自分事として据える

I：「家族は選んだ」。自分で選んだものであると仰ったのが心に響きます。これも改めてマインドの視点から補足していただくとすれば、どのようになりますか。

K：この本でぜひお伝えしたいと思ったことですが、心の視点には階層があるということ、そしてそれ自体選ぶことができるということ。

物理次元にいる私達は不自由さをどうしても味わってしまう。瞬間移動もできないし、割ったグラスは元には戻せない。けれどマインド次元では心の階層を引き上げたり引き下げたりすることで未来を思ったり、過去にタイムスリップしたり、現実にいながらにして、イマジネーションを働かせれば世界を旅できる。

全ては脳内で起きていること。人生というのは現実と虚実との間に常に揺れ動いているもの、という体感は誰もが持つことができますが、その体感を活用できている人はほとんどいません。別の観点でお伝えすれば、例えるなら、月視点・太陽の視点で自らの人生を見る、ということです。

自然界のものは、穢《けが》れがなくて当然。それを穢してしまうのが人間の概念だったり、思いだったりします。

太陽は相変わらず美しい世界を創ってくれているのに、空を見上げてもどんよりした気持ちになったりします。人間の在り方がどんよりとした空間にしてしまう。

心の曇りで世界を澱《よど》ませているのは自分だと認識し、今自分に起きていることは、自分が選んだこととして、まず自分事として捉えることが大事です。

そう思えば、ほかの人たちと一緒にそれを解決していこうという、共生する意味が出てきます。

どうしてこういう人なんだろうではなくて、どうして私はこの人を選んだんだろうと、常に思うようになることが大切です。選んだのは自分、ということを忘れない、縁を作ったきっかけは自分にある。その人とそれを繋ぐことができたのは素晴らしい人生の中の一つだと思えれば、それが崩壊しかけている関係性だったとしても、次への一歩を踏み出すこともできます。

一人になった時にどれだけクリーンな世界に身を置けるのかを、今試されていると思えば、これを機会に別れたっていい。

澱んだ気持ちで言っているのではない、という自信が持てたら、その時、その視点で話をして、お互いに共感し、相手もその世界に誘うのが大事です。そうすると二人がたとえ離婚したとしても、子供と上手くやっていけるかどうかという関係も含め、新しい関係を創ったと思えます。

今の世界、選択が自由にできるし、またそれによって人格を否定されることはないわけだから、何も恐れることはありません。

むしろ覚悟が決まってなくて、相手を勝手に美化して、見たくないものには目をつぶって生きていくのは、時間と労力の無駄遣いになって日々ストレスを抱えることになります。濁っていても別れたくないという、愛着ではなく執着があるから苦しみ悩むんですよね。

「こういうところ嫌だな」と思ったりとか、「この人こういうところがあったんだ、だから私はもうこの人は好きになれない」と思うのは全て感情です。感情あっての人間なのですが、感情をちょっと高見から俯瞰して、本当にそれが自分が望んでいる世界なのかと見定められた時に、初めて「何とかしよう」と創意工夫が生まれるんです。

自分たちの在り方を上から見て、工夫してみる、もう少し想像してみると、こんな風になれないかなという方法が立ち上がるのです。

自分から行動を起こし、パートナーを思い、例えば料理一つでも工夫をして提供すればいい。気分って変えられると思うんですよね。そういったことを共有できていること、共有が許されている関係を縁として作ったと考えることが大事に思えます。

例えば今までやってきたことを後悔している時は、過去しか見ていません。後悔している時、つまり後ろを向きながら前に進んでいるみたいな時には、次のステップの二人がどういう状況になっていきたいのか、子供との関係性はどうしたいのかなと、自意識を外したもう一つ上の視点で感じて見ることです。

それが潜在的な何かを探り当てることになります。「自分が……」ではなく、「相手は……」

の視点と「自分たちは……」を達観してみる心の視点です。

そうすることで〝いま〟という現実だけでなく、これまで（過去）と、これから（未来）を同時に体感できるようになります。

「現実の関係はこうだけれども、この先はこういう風に持っていきたいな、こういう風になりたいな」と、家族を思い描きながら朝起きると、「何か今日、お母さん機嫌がいいな」「お父さんもいい感じだな」というところからスタートして、許し合える関係性が生まれるのかなと思います。

I：「自分」、という視点だけでなく、「自分たち」という視点、さらに（現在）の視点だけでなく、（過去）と（未来）も見据えた視点、こういうことを俯瞰しながら自分事として捉えることができる心の視点が大事なんですね。

K：この話は、まだお互いを何とかしようと思っているからいいんですが、もっと低い次元になれば、邪魔くさい、いらない、と思ってしまうことだってある。家族をモノとして見ているということですよね。

I：お父さんをモノとして見ていた。「何で家にいるんだ」みたいな、まるで粗大ゴミ扱い、燃えるゴミみたいな。

K：対象をどう捉えるかで、もちろん互いに変われると思うんですが、父親が粗大ゴミだと感じるのであれば、きっとその空間を汚す、役に立っていない不要のモノ、「燃えるゴミ」で廃棄しちゃいますよ、という合図になっているのでしょう。

「この人がいるだけで食費が無駄だわ」とか思ってしまう自分を省みると、もはやそこには愛がないことに気づいてしまう。執着はあるけど。

I：愛着？　執着？

K：愛着は捨てたくない、守りたいもの、大事だと感じるもの。

執着は捨てられない何かがあり、そのために手放せないもの。こじれると「捨てられないゴミ」みたいになってしまう……。どうしても過去に付随するものであり、何かの制約にはなってきます。

【恋愛】

I：先ほどの仕事の話にしてもそうですが、久瑠さんのお話には、常に「愛」という視点が背景にあると思うんですけれども、この状況の中で恋愛の在り方もまた変化してきますか。

会えないからこそ、本当の恋愛ができる

K：先日、婚活をしている方が、今、自粛モードでお見合いがなかなかできないので、出会うチャンスも減っていますと嘆いていましたので、「何を言ってるんですか？」と一喝入れました。

物理次元で一緒にいられるかどうか、会えるかどうかで言ったら、例えば恋人同士であれば試される状況に置かれている。

オンライン化が進むと、表面上、多少利便性は増すでしょう。でも24時間オンラインで繋がるということと、本来求め合う繋がりとは、次元が違うわけです。

物理次元の愛と、マインド次元の高次の愛です。

オンラインを通して、耳に聞こえる、目に映る情報を全てと思うなら、愛までもがカモフラージュされかねないのです。

感じ合える繋がり、目に見えない何かのやり取りを大切にできる間柄なのかどうかが試されていくのではないでしょうか。オンラインで24時間繋がっていれば、愛の繋がりが絶えることはない、とは限らないということです。

本当の愛というのは、結局、信じられるか信じられないか、というところです。目を瞑《つぶ》った時に、自分の中にはっきりとその人が見えるのか。

目を瞑った瞬間、いなくなった瞬間、会えなくなった瞬間に、わからなくなるとか、見えな

くなる人はやはり多くいるんです。

それはオンラインでいくら繋いでも、その人の心と繋がらないのと同じです。

オンラインで愛をささやかれることだけを愛の証としていたり、肉体だけで繋がっていた関係は、かなりの勢いで消えていきます。

それとなくこれまで感じていたことがはっきりと見えてきて、新たな視点で改めてリセットしてみようかな……と感じている人もいるかもしれない。

今は、相手の存在ということを互いにどう捉えていたか、そしてこの先どうしていくのかということが試されるタイミングなのかもしれませんね。

I：愛という目的と、オンラインという手段、この目的と手段が逆になってはいけないのですね。さらに、愛の在り方………低次の愛と高次の愛という、愛においても階層があるということでしたが、さらにお聞きできたらと思います。

K：それについては脳の活動の話にも通じてきます。

実際、恋人がいても、いい恋愛をしていなければ、その状況では恋愛に対してマイナスな経験を積んでいるということになります。そうすると、人を疑いやすくなったり、この愛って続かないんじゃないか、浮気するんじゃないか等のいらない澱みが生まれてきます。

しかし、マインド次元に心の次元を高め、脳内がクリーンな状態にある人は、物理的には会うことができない、出会いがない……、となるところが、脳内で出会いを創るということができ、未来を手繰り寄せることに繋がるのです。

自分がこんな出逢いをしたい、あんな出逢いをしたいというイメージを、外に出かけられないからこそ脳内で創り出す絶好の機会と捉えられます。

自分をはっきりと確認して、その上でどんな人と、どんな人生を送りたいのかという未来のビジョンを思い描き、そのために〝いま〟自分に必要なものは何なのか、優先順位が整ってくるはずです。

日常の多くの場合、多くは出たとこ勝負でやれることだけやっている、というのが現実です。そうではなく、「こう在りたい」だから「こうしたい」、そのために「こうしよう」と自ずと動き出す。それこそが潜在意識の力です。

恋愛経験の有無ではなく、いい恋愛を今してるか、していないか、あるいはどういう恋愛がいいのかを、過去や現在ではなく、未来をどうしたいのかという視点で捉えてみることが大切です。

今、彼・彼女がいる人にとっては、結婚をシミュレーションする時期でもあるし、何か不都合があれば、どうやって埋めていこうかということにイマジネーションを使えばいいと思います。いかようにでも、脳内で疑似恋愛・疑似体験をしてみましょう。

リアリティが強ければ強いほど、脳は実際それを求め始めるので、相手から「こんな言葉を貰いたいな」だけではなく、自分は「こんな言葉を言いたいな」となります。この延長線上で二人の過去だけでなく、〝いま〟という現実のその先の〝未来〟についても想像していくことで、二人の潜在的な思いに気づき、二人の潜在的可能性を自ら引き出すことになり、相手に対して自分がどのようになりたいのかが見えてきます。

　自己成長へと繋がります。男としても女としても人間としても成長できる。いらない雑多な物理次元の愛に翻弄されてきた人にとっては、今の自粛により物理次元が封鎖され、否応なく禁じられたというのは、逆にチャンスです。

I：物理次元が封鎖されているため、目の前のことだけに捉われないで、自分の姿をしっかりと鏡で見ることができる状況になっているんですね。

K：そうですね。その鏡というのが無意識の自分を映し出す心の鏡であって、磨き上げていくことでより一層、繊細な情報も映し出すことができる。すると相手ばかり見ている世界から、自分にベクトルを向け、自らの心とも向き合ってみるとさまざまな盲点が見えてきて自覚を生む。そういうことで言えば、オンラインのいいところは、会話をしている自分が映りますよね。この感覚というのは、リアルに会っている時にはない感覚です。この相手を見ながら自分も映るという視点が、『マインドの法則』でお伝えしているマインド・ビューポイントを体感するという意味に実は繋がっています。自分が映っている画像と相手が映っている画像を同時に見ることで、自分だけでない、あるいは相手だけでない、もう一つ上の心の視点が三角形で結ば

れて生まれます。

　これがマインド・ビューポイントの意味するところなんです。

　そうすると、相手と自分の表情などを同時に俯瞰できます。自分が感じ悪くしているつもりがなくても表情が変わってたりとか、凄くいい気分なはずなのに顔が作り笑いになっているとか、顔がひきつっていたりとか、自分のことを一つ上から見つめ直すことで、相手にどんな印象を与えているのかがシミュレーションでき、意図的な表現をすることができるようになります。

　自分という存在を映し出す、そのマイカメラがないとすれば、結局出たとこ勝負となり、目の前のものしか見えておらず、失敗しやすいのです。

　今、物理的な接触がなく、脳内トレーニングに集中できているとすれば、高い視点と視座を体得できるということは逆にチャンスと言えます。

【自由】

I：この時期にトレーニングや脳内シミュレーションをちゃんとやった人と、ぼーっとしていた人だと、この後結構大きな差ができますよね。

K：そうです。よく私が言っていたのは、誰にも邪魔されない世界を持てるかどうか、ということです。

これは、好き勝手に何でもやっていいということではありません。私達は、地球上から宇宙に出た瞬間、もう生きていけない、これは物理的制約です。さらに時間的にすでにこの世界に投げ込まれてしまっている、というあらかじめの運命、前提があります。

その制約の中で、何ができるか、これは「自由」の問題なのです。

こういう苦しい時に、生きることを苦しいことと捉え、壁にぶつかり、色々なことを躊躇《ちゅうちょ》したり、諦めてしまったり、ブロックしたりして変化を拒むことで不自由になるのではなく、潜在意識を駆動させ生きていくというマインドの次元においての自由を選択できるんです。

絶対無理というこの瞬間に、ハンドルを切れるかどうかということだと思います。

生まれてきたことが、幸せかどうか、そんなことは測れません。

しかし、すでに生まれたこと、そのことによって、私達は生命を繋ぐバトンみたいなものを渡されているんだと思うんです。それをどうやって繋いでいけるかというのが私達に託された一つの役割なんです。

I：もう現実に今、バトンを持って走っているんだよと。

不自由な世界とは？　自由な世界とは？

K：神様から貰った一つの、ある意味、使命なんです。この使命をいろいろなものに繋げていけるがどうかです。

天から落ちた堕天使みたいに、それ自体が運命として、そこでこういう人間として生きていくんですよと、落とされたんです。だからそこに制約を感じるのは当たり前の話ですが、不自由な世界に生まれたと私達は思ってしまう。

与えられた目の前の現実、与えられた地上でも、しかし、人間にはその上で自由な世界があるんだよ、と伝えたいのです。

そうすると、今こうだけど、こうしたいよねという話とか、こうできたら最高だよね、じゃあ何でやらないの、やっていこうよと、人を巻き込んでいく力も出てくるんです。それを駆動させるのが潜在能力です。

最悪の状態の時、こうしたらいいよね、という絶対的な境地を生み出せるのは、これは、絶対的自由を持った人間にしかできないわけです。人間には想像力・イマジネーションがある。それが、私達の大きな武器になっています。またさらに、こうしたい・ああしたいと思うことを創り上げる能力を持ってる。

その上でようやく人工知能、ＡＩとのコラボとならなくてはいけないんです。

感性が本当に試される時代だということを認識した上で、人間であることの不器用さ、この世界に投げ出されて存在しているという立場を踏まえ、しかしながら月レベル、太陽レベルの自然界に存在しているんだという感覚、宇宙という感覚を感じることができれば、本当は自由な世界があります。

この不自由な制約の中で、仕事にしても時間にしても、そこで何ができるかということを試されているのだと思うんです。今ちゃんと現実を見極めていく心の目で、しっかりと未来を見据えることができないのであれば、それは単に逃げているだけです。

物事の一時停止ボタンを押して考えてばかりいないで、前に進まなくてはならない。潜在的な力があるんだと信じて、その可能性にかけられる勇気が大事です。

鍵を握っているのが愛と勇気の部分。要はマインドの在り方です。性格の問題でも能力の問題でもなくて、マインドポジションが高まれば、見えてくるものがあります。これが見えてくれば、本当の社会のリーダーに誰もがなれると思います。

こういう人たちが自分の潜在的な力を信じて、まだ見ぬ未来の潜在的な可能性までを引き出し〝いま〟という現実を勇ましく生きていくことができれば、それを見て勇気を貰う人が必ずいます。

なぜ人間の限界に挑戦するアスリートが求められたり、オリンピックが何年も続くのかというと、人はやっぱり潜在能力の闘い、人間の可能性の限界に挑む姿を見たいからなのだとも言えます。

　普段、私達は見逃しがちですが、この危機が警鐘を鳴らし、前に進まなくてはならない時がやってきている。そう受けとめてみることで、進化できると感じてます。

I：今のピンチはチャンスであり、前に進む自由を生きなければいけないのですね。聞いていて勇気が湧いてきました。何かできる、いえ、そうしなくては、という思いがしています。そのために必要なこと、目指すべきこと、課題とはどんなことでしょうか？

K：AIの問題で、シンギュラリティが議論されますが、どれだけ人間のマインドが研究されてきているかというと、さっきの自転車の話と同じで、研究は進んでるけど、パーツの部分の研究に留まって、どのように乗るのか、乗りこなすのか、その先に何が生まれるのか、という視点では研究されてないと思います。

　そういうことを言うと、ネイティブ・インディアンに聴いてこいみたいな、精霊に聴いてこいみたいな話になってしまい、スピリチュアルな世界に行ってしまうんですけど、そうではなくて、この我が家、この家族を直視して〝いま〟何が起きているかを語れるかということが大事です。

　両親についてどれくらい知っているのか、子供についてどのくらい知っているのか。自分の鼻の形から始まり、指の形とか、もっと言えば何に関心を持っている、何が好きで何が嫌いか……自分のことですらわかっていないのに、そんな状態で上手くいく、いかないとか挫けている場合ではないんです。

皆さん、よく自分のことを言うのは恥ずかしいとおっしゃるんですけど、それ自体がちゃんとできていなければ、他人の批判なんかできっこないと思う。

I：耳が痛い……。

自分が改心していかないといけない

K：自分が改心していかないといけない。改心して今の自分を超えていく在り方でいけば、宇宙次元から、お天道様から見れば、「やってくれてるな人類」とエールを送ってくれると思います。

今、世界のトップが集結して、日夜それぞれにできることを模索し、取り組んでいます。素晴らしい方策を考えたり、一時的に対処できることを懸命に実行しています。

これをさらにもう一つ上のところから見ると、今回の事態で、人類とか地球人という視点で、この惑星の生き物という視点で共感できる、という感覚が体感として持ちやすくなっていると感じられます。

しかし、他方、今、私のところに来る方々というのは、会社勤めをするビジネスパーソンや、子供を持つ家庭のお母さんだったりで、情報に振り回されたり、制約があって不自由さを感じているという状態で毎日過ごしています。ストレスがたまり、またテレビをつければ、現状の話しかやっていなくて、聴いても希望が持てません。

経営者においては、中小企業などでは今お金を生み出せない、つまり利益を上げられない状況になっています。そこから抜け出せないのではと感じています。現実は、過去やってきたことの積み重ねなので、明日をちゃんとイメージできていたり、一年先をイメージできていた会社は余力があるんですけど、今日のことも間に合ってなかった企業がこういう状況に遭遇してしまうと、一つ停まると全てが停まってしまいます。回転できなくて事故にあってつんのめっている状態です。

こういう時に、これは、たまたまのことだと助言してはだめです。そんなこと絶対言えません。その人と生きていくことに心を寄せて、その人の先の人生を共有しようと思ったら「いつか収まればいいですね」とか、社交辞令のような言い方はできない。そんな残酷なことは言えません。今、自分が同様な困難にぶつかったらどうするかと見つめ直してください。

人生に逆境はつきものです。リカバリーさえできれば、それ自体は何の問題もない。けれど今何とかなっていない状況で、しかも俯いたマインドになっていたら、再起できる可能性はゼロに近い。今から何とかしようと思っていても、目の前のことに捉われて動いたら、やっと50%どうにかなるかです。

必要なのは、逆境に陥っている人の心には、物理次元でどれだけ添えるかということではもはや解決にならない。少なくとも言えるのは、マインド次元に自ら立つ勇気を持ってほしい。

たとえ何が起きていようとも、逆境を乗り越えたその先のマインドを創り出すことが〝いま〟できるかどうかを問われていて、起きてしまってからでは手遅れなのです。何が起ころうとも、大丈夫な自分に〝いま〟なればいいんだと。そう在れる人間は必ずリカバリーできる。再起できる。

I：何が起ころうと大丈夫な自分になる。でもそんなに強い自分になれるのでしょうか。

かっこ悪さがかっこ良さに繋がっていく

K：なれる、なれないではなく、「なる」と〝いま〟決める。強い、弱いという選択の次元ではありません。弱いところは必ずあります。しかし、その弱さをちゃんと受け止めて、弱さを絶対手放すなと私は敢えて言うんですね。

自分の弱さとか、自分のかっこ悪さ、ダメさを絶対にヒーロー達は見捨てないんですよ。ヒーロー達は自分を隠さない。弱さを手放してしまったら自分じゃなくなるんです。そんな人間、魅力がないのです。

普通の人間は自分の弱さを隠して、持っている魅力を手放してまで、自分を守ろうとする。ヒーローとは真逆、天と地ほどの大差がある。ヒーローは弱さを持ちながらも、潜在意識を引き出して、活躍するんです。

「それ苦しいでしょ、何でそんな苦しいの？」と悩んでいる段階では事実関係を振り返っているだけですから、要は超えたくないと思ってるということなんです。

ここがヒーローになれるかなれないかの瀬戸際なんです。

ヒーローは超えるんです。超えられないと思って、「うそでしょー」というタイミングで走り込む、「どうかしてる!?」と思いながらトム・クルーズが『ミッション：インポッシブル』でやってることです。

「絶対無理だよーっ」って、観客が思うギリギリのところじゃないと映画としては面白くないわけです。それは演じている本人も同じで「バカじゃないの俺」、自分にしかできないと思いながらも、絶対絶命の瞬間にやっているのは、まさに潜在能力で成せる業《わざ》、それを魅せつける、その姿に熱くなるんです。「嘘っ?」という瞬間に参上するというタイミングとか、あのリズムとテンポの面白さをもっともっと人生で活かせると思います。

かっこ悪さも、全てがかっこ良さに繋がっていくんです。

単なる優等生に誰が惹かれるのか、という話なんですよね。イケメンもそうですけど、単にカッコ良いというのでは人は魅きつけられません。魅力という潜在的な何かを感じて、人は無意識に魅了される。

単に○○ができる人には惚れないですよね。○○ができるということのもう一段上で、自分を高みに上げるところでチャレンジしている、闘っている時は凄く熱量が増すので、そのエネルギーにやられるんですよね。意図してないところに魅力が宿るんです。つまり潜在意識の仕業と言えます。計算ではない能力。

それは恋愛においてはフェロモンと呼ぶものなのかもしれないし、家庭においては父親、母親への尊敬の念へと繋がるし、企業においてはそれが人材への投資というお金に、やがて利益を生み出す人材へと繋がっていくのだと思うんです。

自分が苦しいと思っている時に絶対に次なる壁が見えているはずなんですが、人間として、単に○○ができるという次元で止っちゃっている人は、それを見ないようにしているんです。ダメな自分を握りしめてる人間はまだしも、それを捨てられずにいるということが問題です。

少なからず私は魅力ある人間を創りたいし、それは潜在能力でなければやれないこと。だからこそ、応援したい。

壁を超えた人の真似をできない、と言うのは、多分みんなその境界を超えられないと顕在意識が感じ、超えるまでのことはない、やりたくない、と諦めるからです。自分の限界の手前で逃げてしまう人と、雲の上にいける人とは、全く真逆にいて、まさに雲泥の差があります。

自分を超える勇気を持つことができれば、雲の上に光り輝く愛に満ちた美しい世界にいける。そこに至り、そこに在ろうとする生き方、生き様のマインドを創出したい、それが私がやりたいことだと思います。

多くの人は結果を気にする。失敗を避けたがる。できない自分を受け入れない。だからやらない、という人が多い。結果は後からしかついてきません。結果の前にまずは実行。そしてその前の意思決定ができるかどうか。50%の失敗のリスクを見据え、なおかつ超えようとすることができるかどうか。そしてそれは全て自分の内側の出来事なんです。できるかできないかの手前の勇気です。その先の自分を信じる勇気を創り出すことで、いかようにも変化できるのです。カッコ良さは絶対に創れるのです。

I：失敗するとカッコ悪い、というのは弱い自分を隠している、さらに超えようという勇気がない、という点で二重にカッコ悪いんですね。

K：かっこ悪い自分が何故ここまで諦めずにこれたのか、というのが一人の人間のヒストリーとして面白いわけで、苦境がないドラマなんか面白くないわけです。
苦境はひたすら苦しいだけなのか、楽しみにできるのか、その上に行けるかというのが問題です。いつからだって、どこからでもやり直せる。リカバリーのチャンスはあるんです。
制約、フレームがあるというのが人生だから、これを避けて通ると全部が台無しになる。カッコ悪い人間はカッコ悪いままで終わってしまうし、できないものはできないままで終わってしまう。人生はそんな小さなスケールじゃない。そこに必要なのは勇気だけなのです。

努力の集積が、勝負の瞬間に絶対出る

誤解が生じるといけないので、敢えて付け加えますが、努力は必要です。「できるか、できないか」ばかり気にして、「できる人間にかなわない」というのは、「やった」人間に憧れてい

るだけです。できるか、できないか、というのは、やったかやってないか、だけなんです。
宿題をやった人間、受験で合格した人というのは出された課題をクリアしたんです。そのための努力をしたんです。だから、努力とは関係なく、できたかできてないかだけで、世の中が評価するかと思ったら大間違いです。やると決めた、そこからの準備という努力があったかどうかが問題なんです。

その努力の集積が、勝負の瞬間に絶対出るんです。

でもここで大事なのは単に漠然と練習量を積むことではなく、その人がどれだけの思い、目的を持ってその日を迎えたかというところです。

発表会みたいなもので、自分を試されているから、全て因果応報で自分に返ってくると思わなくてはいけない。何回失敗しようが、それは失敗ではなく、次なる成果のための一歩になるというマインドを持つようにならないといけません。

そして日常次元の中でも、自分の人生でもそのマインドを使えるようになることが大事だと思います。

自分の醜いモノが、露わになることを避けてきている

I：自分のコンプレックス、弱いところは逆に、自分を引き上げていくカギにもなるわけですね。でも、人間というのは、どこかで見たくない自分をあやふやに紛らわしたりも、時に

しますよね。弱さや甘えというか……。ズルさなのかもしれない。

K：無自覚な〝悪〟ですね。とても厄介。ごまかしながら先に進んでいく在り方で、壁を越えずに、自分を越えずに日々過ごしてきた結果、ある瞬間「何のために」がわからなくなる。だから誰もがそこに気づけるかどうかというのを試されている……。

人生に対して何かしようとしているけど、できてなくて苦しんでいる人。立ち上がろうと思ってるけど立ち上がれずにいる人は、やがては立ち上がることすら放棄してしまう。

「悩みの街」にいたくないけど、何か光を見せたら出ていくのかというと、そうではなくて本人が抜けられないと思っている以上、繰り返すだけです。

だから根っこから、無意識の領域からアプローチしていくんです。

リバウンドで結局自分の見たくないモノが、偽りの自分というものを生み出して虚構の城を築いてしまう。そうした何かが露わになることを避けてきているんですよ。

自分の人生「このぐらいでいい」「そんな自分でいい」ではなく、むしろ「この人生でなくちゃイヤだ」から始まっていいんです。だからこそ「こんな人生を歩みたい」、誰が何と言おうとも「それが自分」と言えるようにしていくという、そこからしかないということなんです。

それを自分の誇りに変えられるくらい、全ては自分から始まる……自分視点から相手視点、社会視点へと高みを帯びていく、これがマインドの次元を引き上げていくということなんです。

そうやって自らの自意識が引き上がってくると、世の中の人を「おおっ」と、驚かせるような想定外の偉業を成し遂げることをやってのけてしまう。それが潜在能力なんです。本人も無意識にです。

だからこそ泥臭さ、土臭さ、人間臭さという個人的なモノを、私のトレーニングでは、肯定していきます。本来人間は細胞レベルで表面的な成功ではなく、内在的な成功、つまり潜在的価値を追い求める力を創り出せるかどうかを求めています。それは言い換えれば、100年先まで続くこと、100年先を変えていくために1年先、1日先、1時間先、1分先が、1秒先が問われてくる。そんな〝いま〟この瞬間の在り方が自ずと変わっていくのです。それが存在自体が変わるということ、それをやってのけるのが意識であり、9割の潜在意識なのです。

しっかりと地に根を張って生きている、樹齢千年の大木のような在り方をするというテーマで3日間連日連夜、自らのマインドと向き合い続けるというワークショップを続けています。

スケール感の次元を上げ続けていくことで、自らのマインドの世界観を塗り替えていくんです。通常はこれまでの過去に根付いた自己イメージを持っているので、今日、明日に変えていくということは難しいとされています。でも未来の在りたい自分をイメージし、マインドの法則を活用していくことで潜在意識が働き出せばそれは可能であるということが自ら体験できます。それがまた未来の自信に繋がります。

昨日までの自分をワークショップでリニューアルしていくんです。塗り替えることで、トレーニングで昨日までの自己イメージを一夜にして意識改革をすることも難しいことではないんです。状況に応じて「何をしたらいいのか？　どうしたらいい？」と迷うことはこの先の人生で起こりようがなくなるのです。

頑張ってます、という自分以外の何かに媚びるようなアピールをする必要も全くなくなります。なぜならすでに役に立ってしまっているから、マインドの視点が高まって、潜在的なニーズが自ずと見えてくるから役に立つのが前提の自分になるんです。潜在的な何かのために突き進むことで誰もがブレないマインドを創り上げることができます。

そして自らの存在自体で勝負するという在り方に最終的にはなるのです。


【お金】


I：未来に向かって潜在的な価値を創っていくという捉え方に立ち、どこで今までのやり方を変革するかという観点に立てば、今が逆に言うとチャンスだと先ほど伺いました。今、お金の流れが止まっています。お金の問題はきわめて現実的、物理的次元のようにも思えるのですが、お金もマインドの法則の視点に立てばだいぶ見方が変わってくるのではないでしょうか。

「お金があれば幸せになれるのか」、それだけではないとしても、本質的なところに立ち返れば、さまざまなことが浮き彫りになってくる。

そもそもお金とは何か、実態としては紙切れなのに、その背景に何らかの信用があると、魔物となり、色んな感情を揺さぶります。「ないと不安」、「あると幸せ」……こういった素朴な感想なども含め、マインドの法則に立ったお金の見方を伺いたいのですが。

想定外を楽しむマインド

K：今、現在、お金がある、ない、と感情が動き始めるのは、過去これまでやってきたことの結果だと思えばいいんですね。だからこの先の在り方でそこを変化させることはできる、そう思えるマインドが、あるか、ないかはとても重要です。一つ上の階層に自らのマインドを引き上げ、この先入ってくる可能性を信じること。

想いはあっても回らないということは、数値化された世界に、お金という貨幣の価値に組み込まれている。

新型コロナで社会が変われば当然ながら、この先、お金に対する概念さえも変わり始めると思います。この先入ってくる可能性があったものも、今途絶えてしまったとみて、一旦マインドリセットする。

今までのやり方では回らなくなったということで、その社会においてどう立ち回るのか。そこに人間のマインドは大きく揺さぶられるでしょうし、こうした世界的なパンデミックの状況においては、やはりマインドをシフトチェンジしていくことができる人になるということが大事だと思います。

けれど今までやってきたことを全て否定する必要はないと思うんです。

過去やってきたものの蓄積が貯金です。

物理的にはその貯金がそもそもあったのかなかったのか、今回使い果たしてしまったのか、このどうにもならない現実をどう乗り越えるのか。先行きが見えなく厳しい事態だとは思います。資金の回転が間に合ってない場合においてはなおさら困難な状況ではあります。

先を読んでいたけれど、その在り方は、あと1カ月、2カ月、数カ月は持っても、その先は厳しいだろうという場合は、今までやってきた仕組みは良かった、先読みもしてちゃんとやってきたつもりだったけれども、1年先、2年先でもというスパンではまさか捉えていなかった。いずれ途絶えてしまう、そこで、想定外という概念が出てくるんですね。

私がトレーニングでお金の話をする時は、今やってることを1・2倍や1・3倍にする、何となく現実的に可能なレベルで給料やボーナスを上げていくとか売上を上げる、というお話はしません。

今の収入から10倍のところを目指してイメージしてみてくださいと伝えるのです。すると、みんなやっぱりびっくりします。

このトレーニングは、「想定外」というシチュエーションを一つのきっかけとするんです。すると想定外を楽しめる人と、心臓がバクバクしてきます、という人がいるんです。まだ、そこまでは自分は求めていないということが露わになってくるんですよ。

ただ、トレーニングをした結果、10倍と決めた人は10倍、5倍と決めた人は5倍になっていく。これはその人にとって想定外のリアリティを脳内に創り出すことができたので潜在能力を引き出した、というただそれだけのことなんですけど。

ここで扱っていくのは想定から上の次元の話。その人のこれまでではなく、その先のまだ起きていない未来を動かしていく領域です。

なかなか変われないんです、という方に「今のステージから、どうして上に持っていかないの」と聞くと、もちろんさまざまな答えが返ってきます。

人員が足りないとか、大変になるとか、今の自分のテンポはそこまでは求めていないとか……自分が大変になると考えて踏み留まってしまいます。大きな変化に対して、想定外のところでマインドを創るという意識だけの話なんだけど、紙の上のことだけでもそれをやらないというのが、人間の本質的なところなんですね。

変化の手前でブロックをかけてしまう。人間という生き物は本当に変化を拒むんです。

今は非常事態です。こういう時こそ、ブロックを外してその壁を超えていく時です。一旦リセットして、マインドを引き上げていくことで壁にぶつかることなく、飛び越えることができるんです。壁を超えられないと蹲《うずくま》る、無理だと思う、その恐れは壁を超えるつもりがない、ということなのです。

数か月先に厳しい状況が来る、と感じているのなら、今直ちにそれに備えてやっていけば、そのための時間はまだある、ということ。未来、「間に合った」に変えることができるのは〝いま〟この瞬間の今から「やる！」マインドだけです。未来は、「想定外のビジョン」にもっていくというマインドでイマジネーションすることで、自ら動かすことができる。

こうした時期においてもパッと行動してる人達はいると思いますし、それは、決して選ばれた人たちだけではない。現に私のところにいらっしゃる方はマインドポジションを高めることで、難なくこの時期に新たなビジョンを創り出したり、実行に移しています。例えば3店舗あったところを1店舗に絞るとか、集約することで逆に利益が生まれたりとか。また地方でも仕事ができると判断し、拠点を移すとともに2カ月間で仕組みと環境を整え、すぐさま黒字を出すといった方。オンラインさえ繋がれば、実家に一旦引き上げることで立て直しを図ることもできる訳です。その時、その瞬間のベストを選択していく。私のクライアントの方々には、先行きの状況を先回りして見極め、自ら選択することで迅速な行動を起こすというリズムにマインドをセットアップして貰います。状況がネガティブだからといってマインドもネガティブにセットする必要などどこにもないのです。

現状を把握して明確にした上で、それに対して立ち向かっていくというマインドポジションがやっぱり重要です。

まさに事態を諦めるのではなく、明らかにする……「諦めるではなく、明らめる」です。仕方がないからではなく、「あっ、今こういうきっかけだ。こうすることでチャンスにすることができる！」と120％思えるかどうかということです。

I：引き上げたマインドの位置で、事態を明らかにして、行動に移すんですね。

K：このマインドを先に創り上げていくことができれば、社会や業界の変化を俯瞰して、全く違う業種に対してのアプローチもできるかもしれない。例えば、テイクアウトがメインになるのであれば、それを先取りできるかもしれない。

実際、そのようにアプローチして早い段階でこれまでにない成果を出せている企業はあると思います。何もできないで倒産してしまうというのは、厳しい言い方をすると、何かする、が前提ではなく、何もしない。そして、どうにかできることを、どうにもならないと決めこんで、その壁の手前で立ちすくんでしまった。そこに潜在的に倒産の要素があったんじゃないかと言えるのではないでしょうか。

企業の体質的なものが、今この瞬間、動けるか動けないかということで試されている。だから本物として残っていく潜在的な何かを、ニーズを、見出していくサービス業の本質的なところが、見えてくるのではないでしょうか。こういう状況だから、これを提供しましょうと対応していくのが、サービスの基本なわけです。

I：自分のマインドを引き上げていけば、お客様の目に見えないニーズと未来を俯瞰できて、一段上のサービスを提供していくことが可能になりますね。

K：お客様がいないのにお店を開いていても、誰も来ないわけです。そこで「お客さんが来ないなぁ」と受動的に待っているのではなく、どうしたらお客様に自分達のこの素晴らしいものを、感動を届けられるのかと能動的にイメージしていくことで「何もできない」ではなく「何ができるか」を創り出していけば、今はまだ始めていないだけ、そのための準備期間と考えれば、実際お金や数字が動いてなくても、マインドはいい状態に持っていけると思うんですね。

お客様次第ではなく、自分たち次第という観点にシフトするきっかけにできれば、この先の可能性も広がり、さらにクリエイティビリティ、創意工夫することで、一段上のプロフェッショナルマインドが生まれる、というところに至ると思うんです。「こんな状況の中で何考えてるの」って言われるような規定外の何かを、毎晩、毎時間、まさにお客様がいないこの規定外の時間のなかでこそ、最大限まだ見ぬ何かのために活用できるわけですから、自分で前のめりに、そういったことをどんどん実現に向けてイメージしていったらいいのです。

イメージトレーニングもマインドの問題

これはスポーツ選手が練習できないからどうするのか、という事例とも共通すると思います。

今は体育館が閉まって、暫くの間対面で練習することができない状況です。

私が相談に乗ったのはプロのアスリートでしたが、練習場が閉鎖されてしまって練習ができなくなると、当然チームの招集もかけられなくなるわけです。最終的に11月の全日本選手権大会を目指してトレーニングしていたのですけど、コロナの影響で練習もままならず、身体がどんどん鈍ってるんじゃないかという恐怖心や不安感とか、これまでやってきたことが全部無駄なんじゃないかと思ったのです。でも原因は自分にもチームにもないので、フラストレーションがどんどん溜まっていく。その種目を職業にしているプロのアスリートは、「じゃあ明日からテニスをやりましょう」と種目を替えるという話にはならないし、いきなりピザ屋さんで働くわけにはいかない。自分達がやってきている一つの種目を極めていくことに専念してきたわけだから、その選手の不安というのは真っ当な感情ではあるんですよね。

特に彼は優勝候補でもあり、次の大会で優勝するつもりでやってきている、もう一回来年となると、全部もう一回作り直さなきゃいけない、年齢のことも頭をよぎる……。最高レベルで自分を追い込んできている人というのは、1ミリも自分で曖昧なことや、間違ったことはやっていないので、物凄くストレスを感じるんです。

でもそのトレーニングにおいても「今がチャンスですよ」と伝えました。

最初は「何を言ってるんだろう?」と本人は思っていたのですが、マインドを塗り替えれば自分の新しい練習方法を生み出すこともできるし、自分より強い対戦相手との練習稽古も、無傷で思いっきり全て出し切る稽古がイメージの中でできると話したのです。

例えば嘗《かつ》ての宮本武蔵や佐々木小次郎など、伝説の剣豪、風を感じながら闘うという超次元の達人や、アニメでも時代劇でもいいですから練習相手を自分でイメージして膨らませ、それと毎日対戦し、日替わりで相手を替えて、一番気の合う相手を選んで練習するのです。イメージの世界なら何にだってなれる。彼らがどうやって練習したんだろうと、脳内マインドVRのように脳内でイメージトレーニングできる。タイムスリップして、その人を体感し、あたかも直に対面して学んできたように、その相手と対峙し、そこから学びを体得していく、というのも創っていくことができる。

意識の世界では現実にはできないこと、苦手なことも得意なことにすることができます。できている体感をイメージして創り込むことができるのです。想像上の強者と対等、同格に闘うことができる。そこから強者のマインド、絶対王者の風格を体得することができるのです。

一見、こうしてお話すると子供じみた提案にも聞こえるかもしれませんが、彼らはプロなので、自分の技術とか体感というのをすでに持っている。それを基に「それだったらこういう風にできます」と、その場で瞬間的に自分の体感に落とし込む反応が凄く早いんですね。だから今すぐ試したいと実行に移せるんです。

筋力が落ちるという不安に対しても、それは相手との練習ができないためではないんです。鍛えるのは一人でもできる、大事なのは、対戦する感覚、試合の感覚というのが鈍るということなんですが、実は、ここがイメージトレーニングの一番得意としているところなんです。

スランプの時、上手くいっていない時、感覚が鈍っている時ほど、剣道であれば竹刀を持ってはダメだし、野球で言えばバットやボールを持たない方がいいんですよ。その方が現実を見ないので、現実の自分とのズレを一旦リセットすることができる。それが凄く重要なイメージトレーニングなのです。

今の状態で考えるんじゃなくて、想定外のところにもっていって、スーパースターになる体感を創り上げるイメージトレーニングをする。これができると、その人が登場した瞬間に「わっ、コイツ強者《つわもの》！」っていう凄みが出てくるんです。出てきた瞬間に、殺されるんじゃないかとか、負けるんじゃないかとか殺気を感じるほどの存在感を出せるようになります。

I：スポーツにも様々な種目がありますが日本の国技においても同じでしょうか。イメージトレーニングもマインドの問題なんですね。

K：命懸けで闘っている選手は、いかにマインドが大事でそれによって勝負が決する、ということを、非常に鋭い直感で理解することができるのです。

日本の国技の中にもマインドの要素はやはり凄く大きい。観客もそれを同じ空間において、感じ取れるのが特徴的ですね。

例えば、相撲の世界も本当にマインドが大事ですね。長い時間、塩を撒いたりとか、土俵入りとか、問題はマインド。このマインドで勝負が決まるんですね。取り組み以前の時間でいかにマインドを高められるか、自分の不安を払拭できるか、イメージを膨らましているんですね。その様子の一部始終を観客は共にする。

ビジネスにおいてもそうですね。営業マンなんかも、今は営業に行けないという事態になっています。金融系とか投資系の方も、株も相場も全く読めない変動の連続で、投げる人は投げてしまうし、お客様のところに訪問に行っても断られる状態で、「今何に投資したらいいですか?」という質問を貰うことでさえストレスになるわけです。

でも、そんな時に欲しい力とは、今こそイメージして、これは絶対だと信じていく、そういう能力です。

こうした状況に直面して、厳しい波にのまれて過去に引き戻されていく、やってきたことを否定したり、後悔することがありがちですが、その時にはもう、後ろを向いてるんですね。さらに、自分が後ろ向きだと気づいているかというと、誰もが同じ状態なので、今やらなくても許される、何もしなくてもとやかく言われない、むしろ何もしない方がいいとさえ思うようになって堕落していく人は一定数いると思うんです。しかも、それを堕落と思っていない。

それは悪気もないまさに無自覚な「悪」と言えます。人間の本質的なところが試されている、ということ自体見えていない。だからどうしたらいいか、どうしたいのかさえがわからなくなるのです。

I：こうしたい、ああしたいと、ないものを嘆いているのではなく、ないこと、なくなったことをしっかりと受けとめることで、何が足りないのか、何ができるかの可能性が生まれてきますものね。つまり視点が持てるかどうかがやはり重要ですね。これまでの能力云々、の問題でもない。貯蓄があるかどうかは、さほど理由にならない。

報酬は結果だと捉えるマインド

K：お金を手にすることに価値を置くのではなく、お金は仕事に対する対価であり、その価値を創り出せるのが人間の能力です。

潜在的な力について、この先の未知なる可能性という意味で言えば、そうした価値を高めていくことが重要であり、やがて巡ってお金として手元にやってくるような「何か」をする。その「何か」が肝心で、何をしたか、今何をしているかだけでなく、「この先、自分に何ができるか」を大切にしていくことなんだと思います。

例えば俳優さんの場合、役を演じるというパフォーマンスに対してというか、評価へのその先の期待値を盛り込んだいわゆる影響力、一つの作品に対して何を残せるかが問われていて、そこに名前が刻まれていくと言いますか、そうした意味においてのギャランティというものに繋がっていくのだと思うんです。でも役をやる前にこれをやったらいくらになるのかと考えるプロフェッショナルはほとんどいないと思うんですね。如何に度肝を抜かせるパフォーマンスになるかということを、頭の片隅で常に求めていて、その結果が未来、対価になる。

そもそも俳優というのは、人に非ず、人に憂うと書きます。演じるというのは自分という人間ではない別の人格をインストールすることで、人間ならではの「憂い」という感情を表現する「業《わざ》」を求められる。それは具体的な個人を超えて脚本の世界観に没入した役創りにより、普遍的な感動を与える瞬間を本番に投じる。その結果として、アカデミックな賞を貰ったりと世界基準の評価や、文化的な偉業として讃えられることもある。

人間である以上、もちろん、生活ができるできないという次元からすれば、「お金を貰えないとやれないよっ」という在り方も致し方ないといえばそうなのだろうと思います。しかし、ここで言う芸術・アートの世界は、最終的にお金というものは結果であるというような距離感、マインドの高い次元から表現されるものが求められているんだろうと思います。

ただし、この辺はとても表現が難しい。

「労働」の対価としてのお金、という事実もあります。しかし、労働とは、物理的で抽象的な労働力を足し算したものとして捉えると間違いになります。また、お金も、単に物理的な貨幣を足し算したものだけではないのです。人間も、お金も、それはそれで生きているもの、活かされているものでもあるのです。

お金は世間が作り出した交換価値である、という視点を越えて、パフォーマンスの結実、自分に何ができたか、何を求められているか、それにどこまで応えられるのかということに対して生まれてくる価値だという観点に立つのが、《マインドの法則》です。

この観点を大事なものとすることで、パラダイムシフトが生まれるのではないかと感じます。

プロの俳優が演じることと、お金の問題は別のこと

強いのは、やっぱり、お金がなくても演じたい人達です。お金のことよりも、何よりも演じることに喜びを感じる人がプロになってるんだと思うんです。
2、3年かじって、俳優やってみたけど全然仕事には繋がらない、これは趣味の世界だなって思うような人は、多分辞めちゃうから、何年か劇団で積み上げてきたという叩き上げの俳優さんにはならないわけですよね。
プロの俳優は役に対してお金がいい、お金が儲からないからと辞める職業ではないし、演ずることに対して、場を与えて貰った喜びが役者としてあります。そういう発想で、そういう人

たちがマインドを上げていくと、誰も観てないところ、誰も観客がいなくなったとしても演技をやれるかというのを極められる。

俳優というのは一度注目されても、後ろから輝いてる人が次々に出てくるので、自分を磨き続けていくということを自他ともに当たり前に求められます。「ぜひこの役はあの人にやって貰いたい」という指名が続けば安泰かのように見えるけれど、そんな甘い世界ではない。出すぎるとまた何か叩かれて、芝居が単純すぎるとかどうだこうだと批判されます。何をやってもどこまで極めてもその対象なんです。それを好んで、自分に鞭打ち続けられる人でないと続かない。なので、そこに、労働の対価としてのお金という概念が介在しない。

I：結果的にお金が回ってくるということですよね。

K：そう。浅はかな捉え方をすると、人気がお金に繋がっていると一見思うでしょうが、人気ほど危ういものはない。頼りになるのは、自分の〝心の業《わざ》〟だけなんですよね。「番組干された……」という時でも、自分に何ができるかというよりも、何をするかというマインドが、死んでない、根っこがある人がまた出てくるんですよね。

それがまたエンターテインメントの世界にはあるし、どんでん返しも起こる。「あいつ、また出てきたな」って、多分、潰そうとした人間も思うんですよ。「うわ、また出てきたよ、しぶとい……」って。それをまた面白がれる人達。雑草根性ってよく言われるけど、本当に砂漠の砂のように生きられるかを問われる。削られて、磨かれて、たゆむことなく輝き続ける。本人がそれを求めていようと、求めていなくても潜在的な次元でやり続ける。それが俳優という、人に非ず、人に憂うということ。

I：何をできるかではなくて、何をするかということですね。

K：そうです。「所属事務所がなくなったからもう終わりだ」とか「監督に干されたからもうダメだ」ではなく、「監督を見返してやろう、俺の潜在能力を見てないだろう」って感じで、ドンっと行かないといけない。そういう人間は芝居も面白いんです。いくら干されても根っこがあれば、「私、やっぱり思いついちゃったんで、また、新しい感じが」とか言って、「これは参ったなー、いいじゃないか！」と新たなレベルでのやり取りができると思うんですよ。

こういう時に、感情でしか捉えられない人とは二度と仕事しなければいいわけです。何か感性のやり取りで面白いなと思える人と仕事をする。

「コイツ、クソー」とか思いながらも、「こんチクショー」と唸らせちゃう。その人に認めて貰った瞬間にそこには感動があって、「やった！」みたいな感じで思わず周囲の人々もガッツポーズ。で、まるで映画のワンシーンのような瞬間をそうやって起こしていく。役者さんの世界はそういった積み重ねの上で、現場で人気を不動のものにしていく世界でもあって。

誰が評価されて、役を貰えるのかっていうのは、ほとんどアスリートに近くて、順番がついちゃう仕事です。一番手、二番手とそれぞれの役割がある。
そういう世界で五番手を貰って安泰と思って胡坐《あぐら》をかいている人は、やっぱり逃げ腰というか、負け惜しみでしかない。五番手であろうがいつだって、一番手のようにも演じられる。そこをあえて抑え目に演《や》るのってカッコいいと思うんですね。
逆に言えばそれっていつも一番手じゃできない。目立っちゃうところを、どうやって目立たないように演技するか、芝居をするかとか、そういうマニアックな、研究所みたいなところが、あの世界にはあると思うんですね。何番手やったって光る時は光る、だから次のため、この先のために〝いま〟がある。そう思える人は、光があって道は生まれ、その逆をやると道は閉ざされていく。狭き門になる。

I：配役に対する役割、日常業務をやらされているという義務感を抱いてしまう者にとっては、凄く参考になるお話です。

K：そうですね。だから、やっぱりこういう状況になっても、現場に対しての在り方で、そういった姿勢で働いている人っていると思うんですよ。

お金は自然に回ってくる

お話を広げていきます。

本当の、豊かさとは、何でしょうか……。

お金というものは、人間そのものの価値とイコールではなくて、自分の価値を形創るものの一つで、そこには自分を取り巻くいくつもの層があって、そのうちの一つがお金なんだと思います。なくては困るけど、あるからと言って幸せになれるとは限らない。「お金が全てではない」という概念が世界共通のゆえんですね。「天下の回りもの」というのもそれと同じで、自分を取り巻いているもの、人生を左右しうるものであることは事実。

そもそもすでに真理というものがあって、結局回っていくんだと思うんですよ。お金も人も物理的に。自己目的のためにお金を求めるのではなく、巡るという感覚を持てるか、その循環が自分のところにも訪れるのか、という感覚で自分の在り方をいつも律しているかどうかが問われているのだと思います。清い状態に自分を持っていくというか、澄んだ……美意識を持って働いているかとか、マインド次元が高まったそんなところにお金は巡ってくるということだと思うんですよね。

綺麗ごとに聞こえるかもしれませんが、そうなんです。マインド次元を高めていく世界というのは、綺麗ごと以外ない、ごまかしやまやかしの一切ない美で、綺麗に見せようとか、綺麗にならなくちゃという世界ではない。

例えばサービス業にしても、お客様は神様ですという言葉があるように、お客様を前にした瞬間、120%自分でその人にとっての絶対的な幸せを提供すること、喜んで貰うこと、笑顔にすること、それが当たり前の自分の幸せに繋がっていること。そういった気持ちで毎日過ごしていくことが「事に仕える」こと、「仕事」なのだと。だからこそ有難いことの対価としてお金が巡るのだと感じます。

いつからだって始められる。今何もなくても〝自分〟だけはいる。そこから始めたらいいし、これまで自分の外側を取り繕ってきた自分がいるのなら、必要のない看板を取り外していくことで、素の自分で勝負するタイミングが到来したと、今まで取り巻いていた色んなものを、今までの概念を一度変えてしまういいタイミングだと思うんです。

I：久瑠さんが主張するそうした「新たな概念」は、既成のものとは全く違っている。

K：例えば、ホテルサービスの、ホスピタリティっていう言葉にしても、誰に対してのホスピタリティなのかというと、お客さまのためではなく、「自分が何かしたい人」が多いんですよ。「自分のすること＝自分のしたいこと」、このレベルで仕事をしている人が実に多い。何かやっている、ということで自己満足してしまう、これでは事に仕えていることにならない。単なる自己満足の一生懸命では、逆にこちらが何となくそれに応えなくてはと、疲れてしまいます。24時間「事に仕える」とはいかない、人間だもの。けれどそれを目指すこと。綺麗ごとであって何が悪い、心の次元を高めていく意識を持つこと。美学を持つこと。それが重要なのです。そう決めたってやれない、やらないのが人間なんです。でもそれで終わっていいのか、ということです。たった一度の人生ですよ。「そんなの無理」をやったらいいんです。その時、潜在能力は引き出される。それが指針であり、全てはそこから始まります。

I：久瑠さんは現代人として生きぬくための、この先の人材に必要なプロフェッショナルマインドを私塾で教えてらっしゃいますね。

K：当初「プロフェッショナルマインドの概念」の次元が違う、とある方に言われたことが印象に残っています。その方が言うには、地方の選抜大会と甲子園大会の決勝の優勝レベルとの差がある。初日から世界レベル、100年先を目指す、名を遺すというレベルだと……（笑）。
しかしここもできるかどうかではなく、とにかく目指すんです。「そんなレベルを目指してない」という人は多いけれど、人間の潜在能力をみた時、それを出し惜しみすること、知らないふりをするということ自体が大罪なのだと伝えています。できるのにやらないのはもったいないし、それこそ何のために生まれたのか、生きるのか、に繋がるエネルギーの核になるんです。そして誰もがその力も変わる……自ら「在りたい人間」になれるんです。

I：高い次元に立ったプロフェッショナルマインドを持つようになってくると、現実の仕事のやり方も変わってくるわけですね。

素直さということの重要さ

仕事への姿勢は、時給が高い、安いという話にも通底しています。一定の時間の中でどのような役割が果たせるか、また、その役割がどのようなマインドの高さでこなせるか、という問題です。例えば一生懸命な研修医上がりの先生は好感は持てるけれども、好感だけで終わってしまいます。本当に凄い先生というのは非常にラフだと思うんです。きっと当たり前にやっている。当たり前のレベルが高いんですよね。だから上手いんですよ。何でそんなに上手くなったかって言うと、結局、潜在能力を引き出し続けた結果、瞬時に相手のニーズ、潜在的な何かを求め続け、自分を磨き続けてきた結果、そこに到達したわけですよ。

普通の人であればできないとやる前から決めてかかることをやる人なんです。やると決める人間。自分にできるかどうかではなく、やる！と決め、やれると、つまり潜在能力でやってのける自分を信じられる人間なんです。そこに使命感というものが宿る……。そこに〝自分〟を差し挟まない。怖いとか、不安とかで揺れ動く自分を守るのではなく、目の前のクライアントを守る。だから自分を越えられる。自らの限界に向かって全てを残さず立ち向かえるんです。「利己」を超えると、「利他」が生まれる。生まれてしまう、と言った方がいいかもしれない。それが勇ましさ、自分を信じる勇気の源。

「こうしてやろう」とか「できなかったらどうしよう」といった一切の自意識が働かないところで、自ずと無自覚に「利他」が生成するんです。

I：なるほど。自分のことだけ、自分を守ることだけを考えているうちは利己的な〝メス〟、マインドを引き上げてそれを越えると、患者さんや、患部をグーンと高い所から見極められ、潜在的な力が知らないうちに働き出し、余計な力が入らないスゴ技になる。それはつまり、利他的になる。

K：自分への向かい方ということを、別の次元で見ていきます。

幼稚園児の成長も、最初は大差ないんですよね。でも、そんな幼少期から、お受験とかで競わせることで差が出てくる理由は、親の躾《しつけ》もあると思うんですけれども、何よりも、その子がどれほど幼くても自らの明日を、どのように世界を受け入れているのか、ということだと思うんです。

マインドの高さなんですよね。やっぱり。知識と概念は大人には負けちゃうけど、受験に受かる子というのは、ＩＱがずば抜けて高いのかというとそうでもないんですよ。やっぱりマインドの在り方、心が真っ直ぐなんですよ。一生懸命とは違う、真っ直ぐです。

私の塾生にいつも伝えていること。大人にとってこそ大切なことが、素直さとその重要性。特に忘れてしまいがちなのが、素直さのその先の「在るがまま」というか、「在りのまま」という在り方なんです。あんなに『アナと雪の女王』の歌がヒットしたのも、在るがまま（在りのまま）に生きられてない人がたくさんいる、ということだと思うんです。在りのままに生きるということをいかに我慢しているか、もしくは、それで打ちのめされてきてるかということなんですね。

日本の社会は我儘《わがまま》さを受け入れないんですよ。つまり我儘であることを100％否定しているような気がします。でも皆に伝えているのは、「我儘で何が悪いのか」と。

ただし、我儘も次元の話です。マインドの次元を高めていけば、その我儘は「在るがまま」になります。それが真の自由だということです。

だから何か残してる人達の根っ子はみんな我儘なんですよ。でもそれは、人に迷惑をかける我儘なのか、社会を動かしていく我儘なのか、そこに階層の幅があります。「自分視点」を少し上げていけば「他人視点」が入り、もっと上げると「社会的視点」になり、その我儘は誰かのため、社会のための視点をふまえた「我」ということが明確になる。そこで何をするか、どう生きるかという問いかけが自分にできるようになる。

従って未来を動かしてより良いものにしていこうという我儘さを持ち続けることが大事。それが子供の頃からの、あの柔軟なしなやかさを持った素直さというところなわけですよね。

地球とか月とか最高に我儘ですよね？

I：我儘の「我」というのが、自分自身を超え、もっと次元を上げると、社会全体の豊かさや幸福につながるんですね。

K：そうですね。最高のレベルで言ったら、もっともっと超えて、地球次元まで視点を上げていったらいいのです。

地球とか月とか最高に我儘ですよね？　言ってしまえば「自転」しているという意味では、自ずと自然に回っているわけじゃないですか、それが生命の豊かさをもたらしている。勝手に回っている月を見て、あれを究極の我儘と捉えた時に、「いいじゃん、我儘でいい」「我儘で在りのままでいてください」「その在り方が有難い」ということになりませんかということですよね。

会社であれば、「我儘じゃなきゃ困る」「あの人はあれでいいんです」という社長になれってことなんですよ。

我儘さというのは素直さの観点で、変わります。我儘さを嫌うのは誰かの観点であって、例えば子供の頃、遠足の日が雨だったりすると、「何で今日は晴れてないんだ」とか思います。人間はその観点で太陽を恨むわけじゃないですか。でもそれは人間が勝手に感情次元に落ちているだけであって、観点を変えて、素直にレベルを上げてみたときは、太陽は美しいし、有難いわけです。

我儘については、また触れていきたいと思いますが、観点を変えられるマインドの在り方をマスターして、ある階層までマインドを引き上げて人と話していくと、話している側の中にある「素直」というのが引き出せて、誰に対しても素直になれるマインドを創り出せるようになります。

I：観点を引き上げると、我儘が素直、在りのままに実は通じている。

K：世の中には、自分が浮いてるのを見せないように生きてる人が多い。だからこそ、在りのままを見て貰える人という存在は凄く重要なのです。

私が養成塾で伝授している大事な観点は、在りのままを感じるということなんです。在りのままの自分を見られない一番の理由は、自分自身を誤魔化して生きているということ。そこには自覚すらなく、誰もが自分にフレームをかけているという人間の在り方があって、このフレームが外れると、とても自由になれるんだという自覚が出てきます。何十年練習してきたアスリートの体感的なモノと一緒で、トレーニングを積んでいくと、この自覚、体感的な気づきが生まれるんです。そしてそのためのマインドポジションというのが確立されてくる。

この変化のポイントを超越した高次のマインドポジションは〝マリアスイッチ〟という言い方をしたり、〝月の視点〟という言い方をして、全然、普段と違うんだよということを言って、練習していくんです。そうすると、24時間どういう時でも、このスイッチが瞬時に使えるようになります。

この状態は、生きた業、生業《なりわい》って書く、レベルの違う一つの〝心の業《わざ》〟なんですよね。単に演出として、より感じよくするということは、単なる道具のマニュアル的な使い方でしかなくて、笑顔で話した方が感じが良いということをわかっていれば、それはメイクや効果音であり、本質ではない。でも、マインドポジションをしっかり上げていく〝心の業《わざ》〟をマスターすることは、自分の潜在的な力を引き出せるかどうかということに繋がっていくことで、それを磨いていくということが一人ひとりの人生においては凄く重要なんです。マニュアル的に技術的に喋り方とか接し方をどれだけ教わったって、何を話したって、9割の潜在意識にアクセスされなければ心は動かない。心は知識では動かないんです。心、つまり9割の潜在意識が働かなければ、人生は変わりようがないのです。変革を迫られ、実行を迫られても、結局パンデミックのこの時代には負けちゃうんです。

I：お金の話から、色んなことに繋がりました。単なる商品と交換する手段としてのお金ではありますが、人間が働くことによって、それを得る、生計を立てる、ということから生活に欠かせないものにもなりました。しかし、そのことで人間はお金に縛られてしまう、という考え方がありますが、マインドの法則に沿ってこれを見ていくことにより、180度観点が変わりました。

そもそもお金に縛られるという意識が「在り方」としてまずい状態であることを伝えていただきました。さらに、縛られない状態がどのようなものであるか、それが人間の在り方の根本に及ぶということから、これからどのように生きていくか、大切な示唆がありました。これを踏まえると、パンデミックの条件下に私達は生きているのですが、この条件はそもそも本質的なものなのか、という気がしてきます。

K：お金を紙切れとして捉えるのか、お金こそが全てと捉えるか、誰であれそれは両方あります。でも階層を変えてわかりやすい言葉で言うと、「困っている現状は、本当にコロナが原因なの？」ということになります。

I：今、会社が倒産するのはコロナだけが原因ですか？　というケースが結構あるような気がしますよね。そもそも、その前に大丈夫だったんですか？　ということですが……。

ところで今回、政府の対策は、10万円を支給したり、ＧｏＴｏキャンペーンを推し進めたり、どうもお金の巡りばかりを気にしています。

状況に振り回されている対応

K：今、パンデミックになりました。大変ですね。お金を配ります、お金をお貸しします、何とか乗り切ってくださいという政策……。これはまるで、震災・地震や津波が来た時と似ている。一気に全てが自然災害によって喪失するという事態と、コロナとこの先共生していく事態では、自ずと政策も変わるべきです。

緊急事態への対処としては、疫学面、医療面、文化面、政治面で当然立場が異なるわけで、これらを統合して見て、〝いま〟の対策なのか、1カ月先なのか、1年先なのかを見据えられているのかが問われるのだと思います。いまの多くの政策は、1カ月前、1週間前に過ぎ去った問題に今の時点で対応した対策になっていて、タイミングが間に合っていません。後手に回り、タイミングがズレまくっていくそのスパイラルから抜け出すことが重要だと感じます。これでは救いたいのに助けられず、いろいろな意味で非常にもったいないと思います。まさに、「何かすること」と「役に立てること」とは違う……。

I：震災、地震の時とは違い、新型コロナとの共生という観点に立った「役に立つ」政策が必要なんですね。

第3章

新しい世界に必要な言葉
——生きぬくためのキーワード

【出来事】

ミュージカルのオーディションでの出来事

K：昔ミュージカルのオーディションを受けたことがあって、そこでとんでもない大失敗、痛い経験をしたんです。とても大きな舞台だったのですが、その経験でミュージカルは、凄く神聖なものだという感覚になったんです。

私、バレエは20年の経験があり、歌も踊りも、何より幼少の時から舞台に立った経験があるのでミュージカルもその延長線上にあると考えていたんです。半年から1年の準備期間があるのだから、本番までに稽古すればやれると思い、「もし舞台やるのなら、ミュージカルかな」ってマネージャーさんと話していたんです。その頃の私は、映像やコマーシャルの仕事に積極的に取り組んでいましたので、舞台の仕事に積極的ではありませんでした。

そんなタイミングで『ミス・サイゴン』のオーディションの案内がきて、その中の配役にエントリーするということになったんです。応募用のパンフレットを見せられて、「どの役にしますか」と聞かれたんで、ザーッと群衆8名、村娘6名とか書いてあるので、私はこれでお願いしますと、ある役名を指したんです。

『ミス・サイゴン』の主要な女子の役は、主人公と女子2人なんですね、キムという主人公と、ジジとエレン。さすがに主人公は看板女優さんが演《や》るのがずっと前に決まっているのが常だし、わざわざ公募するのだから新たな才能を発掘するのが目的だろうと勝手に思い、その準主役級の役にエントリーしたいと伝えたのです。

お姫様っぽい役（エレン）と、正義感が強い感じの役（ジジ）があって、で、私、「ジジでお願いします」って言ったんですよ。

今思い返すと、私、本当にわかってない、というかとんでもないことをやらかしたと思うんですが、その申し出を聞くと、マネージャーさんが、「はっ！　え!?　久瑠さんわかってます？　この作品は歴史のあるミュージカルで、この役はすっごい重要な役なんですよ」って。

さらに「この作品、というかミュージカル自体観たことありますか？」って聞かれて「うーん、学生時代、バレエは何度も観に行ったことがあったけど」って言ったんですよ。「ミュージカルは本場で観たくてニューヨークに行ったけれど、『オペラ座の怪人』は全幕英語だったのと、時差ボケで肝心なところで寝てしまって大失敗。すっごく楽しみにしていたので、へこみましたよー(笑)」なんて伝えると、マネージャーさんはうろたえ始めて、「ああ（汗）、ちょっと、一晩考えてもらった方が。明日もう一回聞きますから」と言われました。

でも一晩考えないですよね、私。せっかく女優として初舞台に立つ（オーディションは4次まであるのに、もう立つ気でいます）なら、しかもその役を自分で立候補できるのなら、ベストでありたい、そんな観点でしたから選択に迷いはありません。4カ月間の公演で本番は1年先、稽古期間を含めて1年半以上やるなら、自分の全てで取り組んでいけると思える役をやりたいと思ったのです。

で、書類オーディションにエントリーし、紙の上での審査なので経歴としては、バレエ20年、歌、芝居の経験もあり、モチベーションも問題なし、で、ストレートに通過しました（笑）。

それで、第2次審査に行ったんですが、扉開ける前から異次元なんです。練習しているようですが、ちょっとあり得ないくらいの迫力ある響き方で声が漏れてくる。オペラ歌手？　耳を疑って、「部屋間違えたかなぁ？」……と。さらに扉開けたら、みんなそれぞれにヘッドホンをして、なんかいかにもプロっぽい集団がずらりと……。出で立ち、立ち姿がこなれているんです。ぎこちないのが逆に目立つくらいの迫力。本番のリハーサル会場に入ってしまったのかなと思って部屋を聞きに行ったら、間違いなく「そこが『ミス・サイゴン』のオーディション会場です」と言われてしまったんです。

そこで「わ〜、ちょっとホントに私もしかしたら……」って体温が下がるというか、凄い縮こまっちゃって発声どころじゃない。

でも可能性は残ってる、経験がないのはわかっていたこと、初めてでもエントリーできてるのなら、半年間みっちりトレーニングを積めば何とかなる、本番をちゃんとやればって、前向きに思ってたんですけど……。オーディション会場に通されて、15人くらいが壁際に横並びになり順番に一人ずつ歌っていくんですけど、最初の一人目がもうさっきの発声の10倍くらい上手いんですよ。

で、もう私、最初の人の時に拍手しちゃったんです。「凄ーい」と思って。隣の女性に「あの人凄いですね〜」とか思わず伝えたら、「えぇ、まぁ凄いというか……普通。彼女○○さん……」と、「えっ、その方トップスターじゃないですか!?　もしかしてみなさんプロですか」

って聞いたら「ええまあ」って。みんな全部凄い人なんです。

ほとんどがミュージカルのステージに立っている人達だったんですよ。私がミュージカルを観てないから、そのスターを知らないだけで。

「彼女とか多分、去年もやっていて、候補に入ってると思いますよ」とかいう人が出てきちゃってるから、私、もうしょうがありません。順番にやっていくんですが、もうフリとか付いてる人もいたり、譜面なんか見てる人一人もいないんですよ。

私の番が来て、なぜだか丸腰感だけは辛うじて残っていて、手も足も出ない状況で魅せられるのは度胸だけ、といった心持ちで、譜面を手にしてピアノの前に立ちました。そこまではよかったんですが、ガチガチになってフリも何にもできずに譜面見ながら歌っていると、ピアノの伴奏の先生が、何でピアノの前に張りついてるんですか？　みたいな雰囲気を出してきたんです。

それを受けて、なぜか「よし‼」と、最後のフレーズくらいはかっこつけて歌ってみようと思って、ピアノの所から歩き出してポーズをつけようと思ったところで、頭が真っ白になっちゃって「あれ？」って言っちゃったんですよ。「あれ？」って言った瞬間に、みんな笑うに笑えないというか、むしろ怒ってますか？　みたいな雰囲気になっちゃった。私も終わった瞬間に頭下げて、「どうも申し訳ございませんでした。すみませんでした、私、初めての経験で、皆さんここまでのレベルに仕上がっていて場違いというのは肌で感じてました。皆さん凄いというか素晴らしいです。本当に勉強不足でした」という話をしたら、「あっ、いいんですよ。

そういう方もいらっしゃると思いますから」って慰めの言葉を頂きましたが、でもそんな人全然いないんですけど、たぶんお叱りだったのかも……。我ながらダンスも自信あったんですが、何かやっぱり、ミュージカルのスターの人達のフリの付け方は全然違うし、ミュージカルにはミュージカルの技があるんだな、相手役との絡みだったりとか、そういうのも凄いなって、うん……。

で、そこから凄く反省しましたね。ミュージカルというのは別次元だ。その志がない者が入り込む場ではない……。

「オーディション受けてみない？」から始まって私にはその認識がなかった。歌やダンスの技術がある以前に、この演目は何十年も、何千回も、それも世界で演じられてきている古典でもあって、練習すればではなく、すぐにやれる人、今日から舞台に立てる人を求めたオーディション。モデルや映画のオーディションとは意味合いが、どちらがどうというのではなく全く違う。原石とか、素質ということではなく、社会人野球からのプロ入団テストのような観点です。発掘スカウトではなく、すぐに「いま」プロとして活躍し、お客さんを魅了できる演技を審査する場なんです。この先やれる、というのと、これまでちゃんとやる、やってきたというのとは、全く違う世界だなと感じ、それでそこから凄く何か変わりましたよね。いやぁ、ただもう本当に撃沈でしたもん。

I‥身をもって撃沈されたお話の中で、いろいろな段階の、いろいろな教訓があると思います。久瑠さんご本人という実際の立ち位置を通して、リアルにどういうことを学んでいった方がいいでしょうか……？

オーディションを、今の時点から振り返る

K：このオーディションでの大失敗を、「私」という視点から振り返ってみます。

まず、私が、ちゃんとミュージカルがどういうものなのか、どうやってキャストが選ばれているのかということを全く知らなかったということがあります。

だから、オーディション会場を最初確かめた理由も、「これ、プロの場だ」と思ったからです。ひと声聴けばわかります。声の出し方からも、「いや、これ、オペラ歌手だろう」って思って、素人さんじゃないなと思ったんですね。さらにヘッドホンをして、隣の声が聴こえない状態で練習していて、本番になったら練習以上の歌唱です。それで私は「この人凄い」と思って、拍手しちゃう。

そういうところからも、私がいくら幼少期からバレエを真面目にやってきていたとしても、そういうことじゃないし、それこその次元においては、その真面目さは武器になっていないことが露呈してしまうんです。

凄い練習したんですよ。私なりに、素人感満載で。でもそのための知識を得ることを怠ったために、オーディションの場を勘違いしてしまったのです。

I：出来上がった素養があり、技量を披露する場というか、明日から舞台に立つプロの集まりだったということですものね。ミュージカルのオーディションというモノの知識がなかった。

K：今まで自分が試されていた世界は、原石というか、この人を素材にして上手く演出したいという新人オーディションが多かったのです。なので、メイクにしても、衣装にしても、何色にも染まれるというのを求められていました。またCF（コマーシャルフィルム）の世界が多かったので、上手過ぎないというか、プロ過ぎないという演出が得意になっていた部分がありました。出来上がっている人に魅力を感じない、という世界がそこには在って、「この人何かやってくれそうじゃないか」という潜在的な力が求められていたのです。

そのため全部セリフを覚えて、フリまで付けてというところまで求められているとは思ってなかったのですが、全員がそれをやっていて、演じながら涙まで流す子がいるのです。「本番さながらにやらなきゃいけなかったんだ、わっ、しくじった、とんでもないことをやらかした」とその時に思ったんですよね。私の努力の矛先が違っていたんだと思うんですよ。みんな、もうその役になりきって、もう、カツラ被ってくるくらいの人達だったんですよ。

その時私が感じたのは、もしミュージカルの道に本気で進みたいと思えば、きっともっと別の観点で準備していただろうと、一曲全て見ないで歌うとか、暗記して過去の上映ビデオを見て、フリを覚えたり、演目自体の解釈をしたり、きっとやっていたと思うのです。

だけどそこで初めて、でも私は歌にそれだけの思いを込めてやるかな？　って立ち返ったんです。つまりミュージカルの世界に身を投じる覚悟はあるのか、否か……、それはない。その結果、私は命懸けであの舞台に立ちたいのかどうか、と自らに問いかけてはっきり自覚したのです。

要は、諦める以前の「明らめる」をした時に、改めてミュージカルという世界を特別で神聖なものとして受け止め、そこからは絶対的なリスペクトです。

I：知識がなかった。と思われるとともに、視点が引き上げられ、ご自身の未来を考えられ、さらにはミュージカルの本当の凄さを感じられた。

K：ミュージカルのオーディションを次も受けたいです、とマネージャーさんにはもう二度と言わなかった。ミュージカルの世界って凄いっていうことを伝えましたけど、「ほらね、久瑠さん、違ったでしょ？　ミュージカルのあれはね、凄いんだよ、本気で主役クラスを希望するんだもの。いやー、流石に大丈夫かなと思ったんですよね……」みたいな反応。「それ最初に言ってくださいよ、プロが来るって」って言ったら、「え!?　プロが来たんですか？」ってマネージャーさんもその程度だったんですよ。「来たどころじゃないですよ、全員プロ集団……」って言ったら、「はぁ、それは……そうでしたか」って。そしたら「勉強になったじゃない」って言われて、「勉強っていうか、俳優人生終わるかと思うくらい顰蹙《ひんしゅく》だったと思いますよ。

何をやってもかなわないっていう、打ちのめされるという心境を存分に味わえたし、中途半端に目指すものじゃない、突き落とされる感覚は本当なかなかの勉強になりました」って。私がやってきた歌やバレエの世界を求められているんではなくて、やっぱり、ミュージカルとしての表現というのを一から流儀として学ばないと、新たな気持ちでゼロから向き合わないと、という、そういう世界だったと伝えたのです。

でも「そうした世界を体験として知った」という、そこまでの痛手を負ってまで知らしめられたというのは、一つ大きな意味はあったのだと思うんですよね。

【自分事】

自分事として参加するというのが、一番大事

K：オーディションにミュージカルスターが常にやって来るということは、自分との闘いというよりは、一つの役の取り合いで顕在化する「実力を魅せにくる場」であって、潜在的な可能性を見る場ではなかったということです。同時にそれは自分の可能性を試す場ではなくて、自分の演者としての技量を見せにいく場だったということ。全ては事前に調べればわかったことで、知らされていたかどうかの問題でないということ。要は、自分が一生懸命にオーディションに臨んだではなく、相手が、観客が、何を望むか、それを表現できてる人をオーディションでは求められたということなんです。

結局、私は本当に受かろうとしてないんですよ。1年半以上長い時間を取られるのなら……という発想です。ほかのことを犠牲にしてしまうのなら、「折角なら」ということで役にエントリーした、そこなんです。○○役「で」いいや、なんですよ。だからそれが凄い失礼にあたると思って謝ったんです。

一つの歌をどれだけ歌い込んでるかというのがわかる、それがわかったから有無を言わさず懺悔《ざんげ》、いや切腹です。それがわかる人間だったことが救いでした。恥で終わらず、学びを得たのかもしれません。

私はピアノとかバレエとか芸事をやってきた、という自負があるとともに、その練習の困難さを知ってるから、その人達の凄さが、一瞬でわかるんです。

でも、ただ単に真面目にやって努力しただけではどうにもならないんです。努力を極めた上でレベルを超えたプロ、すなわち「極め抜いた人間」には敵わないんです。そこには凄みがある。そうでないと人を感動させることはできないんですよね。

私がオーディション会場にいて、その場で思わず拍手してしまったのも、そういった凄みに対してだと思います。

その役を演《や》ろうという人に、この人たち命懸けだなと。

ここは私が命懸けになるフィールドでない、だから場違いな場で何をしでかしてしまったのかと……。

I：オーディションを通して、久瑠さんが今までおっしゃっていた《マインドの法則》の大切さがわかった気がします。まずは視点を上げて状況を「明らか」にしなくてはならない。そうすると、自分というものを客観的に見ることができ、単なる真面目さは武器にはならず、そこにいることが「場違い」になる。けれど、そこでその場にいる他の人たちのプロとしての姿が見えてくる。プロの人たちは、演技に集中して視点を上げて、自分の演技という利己的な努力を極める、さらに潜在的な能力を駆動させ、マインドビューを高めることにより、人々を、全身を揺さぶる、かけがえのない感動に誘っていく。つまり利他の状態に高めていく……。

K：ミュージカルのオーディションの経験は、それ以前とその後を繋ぐ大事な、忘れることができない経験となりました。

プロとしての仕事ができる人とか、役をちゃんとこなして、指名が貰えるようになる人というのは、その仕事以上のプラスαが醸し出されてくるんです。振り向いちゃうとか、二度見されるとか、釘付けになるっていう瞬間です。

それはステージの上の俳優に限ったことではなく、日常の何気ない瞬間に出くわします。例えば先日、ホテルのカフェでミーティングしていた時も、やっぱり、「あっ、凄いな」っていう人に出会いました。拍手は送れませんが「何、目指しているんですか？」とか聞いてみると、そういう方はこの質問に間を置かずに答えられるんですよね。「こういうことをやろうと思ってます」と、すでにそこに向かっている。〝いま〟が未来の在りたい自分に繋がっている。潜在能力が引き出されているので、求められる以上のパフォーマンスを発揮してしまう。そこに感動が生まれる。プロとしての「凄さ」は俳優業で言えば「役創り」のプロセスで創り出され、その結果、その人の顔、名前でチケットを売るという興行が出来上がってくるわけです。オーディションの目的はいろいろありますが、共通すると思うのは、オーディションがもう自分事としての仕事なんですよ。

私のモデル時代もオーディションは本番さながらでした。先ほどのミュージカルを含め女優としてのオーディションとは全く違う世界、目的でしたが、本気で取り組みました。ミュージカルはたっぷりと時間をかけて稽古する。モデルは、本当に瞬間が勝負なんです。15秒のCFで言えば1秒での表情がどうかを求められます。

「何で久瑠さん、そんなに仕事決まるんですか?」って後輩や先輩から聞かれたら、「全部決まると思ってるからかな……受かっても、受からなくても全部やるつもりでいく」と答えて、絶句させてしまったこともあったかな……。だから、いつも別の人がCFに選ばれて決まる度に、「どういう子が選ばれたんだろう、何が違うんだろう」と、自分事として凄く関心を持って見ていました。それもまた勉強になって凄く面白いんです。

本番以上にオーディションが本番なんですよ。オーディションで選んでくれた人に対して、今度は返す役、期待に応えていくっていうところなんですね。自分で何かを創り出すっていうことが大事。さっきの創造性、クリエイティビティ、創意工夫ですよね、それをオーディションの会場に入る前にやっておく、そうすることで、求められていることは何なのかと、それまでの時間想像しまくる。想像を自分事として捉えていくと、オーディション会場に入った瞬間に、「あっ、何かやってくれそうな人が来た」という感じになると思うんですね。だから、試されにいくんじゃなくて、自分を試しにいくということのフィフティー・フィフティーくらいがオーディションです。

I：人から試されるのではなく、自分事として試しにいくんですね。

K：模擬本番なんです。多くの人は何も考えずにいくんですよ。それこそ天才肌みたいな人も、そこにやってくる。圧倒的な美男、美女とか、モデルでいえばそれも揺るがない才能なんです。でも、大概そこだけじゃないんですよね。何%とかはそういうどうにもならないところで選ばれる場合もあるとは思うんですが、技能の部分というところとか、勘の良さとか、演じ方とか、同じ空間でちゃんと見てくれている、それこそ命懸けのプロ達がいるので、その領域に対してアプローチをかけることができるかどうかというのが、私のプロとしての在り方そのものでした。

「何かこの人面白そう」って思ってもらう、「この子でやってみたいな」というところにCFや映画も何十億のお金がバーンと投入されるわけで、そんな心意気までを感じていました。

【未来】

今できてるかどうかではなく、やりたいことに向かうエネルギーが大事

I：少し戻りますけど、先程のパッと見て凄いな、という人は、「何やりたいの？」と聞かれたら、すぐ答えられるというのが印象的だったんです。結局、何をやりたいのかと聞かれた時、すぐに自分は答えられるのか、というところから始めないいけないのだけど、答えられない人というのもまた多いんです。会社員であろうと、アルバイトであろうと、「君、何の仕事をやりたいの？」って聞かれた時に、「これやりたいですっ！」ってすぐ言える人というのは、すでにマインドが引き上げられていて、なんとかなっちゃうんでしょうね、きっと。

K：チャンスは待ってくれない、ということです。準備ができていなければ通り過ぎていくだけ。多くの人はそのタイミングが「やってきてから考える」。来るか来ないかばかりを気にして肝心の自分がどうするかがないのです。今できてるか、否かはそんなに重要じゃないと伝える理由がここにあって、やりたいことは、この先にあり、そこに〝いま〟自分が向かっているというエネルギーが凄く大事です。

人間の人生の僅かな時間の中で、一番熱くなっている時って、何かが掴めそうで掴めてない時じゃないですか。それは兆しを見失っていない時、感じようとして、見出そうとしている時です。

ドラマでも全部そうですけど、一番グッとくるところって、主人公が何かを摑めそうで摑めてない瞬間なんですよ。間に合うか、間に合わないかな、というところにハラハラさせられるんです。

そういう生き方をしている人間というのは、やっぱり魅力があるんです。常に安定した状況にいて挑戦することを拒んだり、面倒なことから逃げる人間というのは、時代劇で言ったら最初に斬られるヤツじゃないですか？　何か、逃げようとして、背中からバッサリ殺られてしまう。無様な斬られ方でカッコ悪い。自分だけが助かろうと何かを握りしめて、「これは俺のモノだ」って逃げようとした瞬間、自分の保身に走った瞬間に、バンッて撃たれる。観客はその卑怯な在り様に天罰が下るところでスカッとしたりするじゃないですか？　日常においても現状、何とかなっている人というのは、今に拘り過ぎちゃうんです。〝いま〟というどうしようもないモノを、何か捨てられない、だからちょっとだけ上手くいってる人というのが、一番迷います。そこそこ感があるから今までのやり方に固執するんです。

でも現在、世界は多くの人が過去に築いてきたものが喪失する状況に直面しています。バーンと落ちてしまうと、こういう状況にみんなとても弱いことがはっきり見えてくる。けれどそこで、現実はもうどうにもならない。

でも、未来は、未来だけは変えられるんです。

誰にとっても一緒で、1カ月先、1年先、どうなるかわからない、さらに今は何かが台頭して、時代が変化する時です、

「全然、平気」って思っているビルのオーナー達も、未来はわからないわけじゃないですか。既存の状態と未来とは、何ら因果関係というのは実はないのだから。家賃入らなかったら単なる建物なんて意味がない、無用のモノになる。価値が変わるってそういうことでしょう。

人の価値も変わる。何かに優れていると評された人も、オンライン化されていく過程で仕事についていけない。これまでの習慣、リズムを変革しないと会議にも参加できなくなっていくわけじゃないですか。

そうすると、「えっ？　あの人なんか凄いと思ってたけど、なんかちょっとダメじゃない？」という風になったりとか、逆に、「アイツ駄目だと思ってたけど、なんか役に立つよね」みたいな場面が生まれ出す。そういう意味で、明日・1年先・10年先のことは誰もわからないということで、平等なんです。これはコロナ禍だからとりわけ明るみに出ただけで、ずっと同じこと。ただ、今、何かをしなくてはという意識は高まっている、ということです。

I：未来をどうするか、という可能性は平等に開かれてるんですね。

動かせるのは未来「だけ」、と捉えることが大事

K：未来がわからない。だから、面白いと思う。

未来がわからないから、何かできるんじゃないかと思える。

これは全部、潜在的な意識を駆動させることを前提に話しています。

その次元にまず自分のマインドを持っていくことさえできれば、むしろこれまで苦痛に感じたことが、「楽」と感じられるようになることもある。

動かせるのは未来しかない、動かせるのは未来「だけ」と捉えれば、目の前の出来事だけに捉われたり、惑うことはなくなります。何もできないというのではなく、何かやれる、と潜在意識は探し始めます。それがマインドの法則です。

自分の手元にお金がない、時間がない、とか全部同じなんですけど、〝いま〟ないというのは、過去に起因しています。それがこれまでのやり方です。そこで悩む必要はない。

とにかく〝いま〟、この瞬間、未来を思い描くこと、そこに熱くなることが大事なんです。すると新しい価値が創造されて必ず豊かになります。未来をイメージすれば、創造のエネルギーが沸き起こるんです。

何か思い描いている人の目はキラキラしているんですよね。何が起こるか楽しみになってるわけです。逆に、未来を見たくないという迷いの目をしている人、不安な目をしている人は、ちょっと前の過去に捉われてるんです。こんなところで働きたくないのにと思いながら働いていたり、自分には自信がないから、このくらいでいいやと思って働いてる、それを、今日この一日だけでもいいから、まずここで変えてみることなんです。

最高だなという自分になれるかどうか。それを私は言い続けています。

ミュージカルのオーディションに行った時の経験が物凄く生きていると感じる理由も、どこで何をしたかという事実を、自分が何と感じ、どうそれを受け止めたかという真実として捉え、それが私にとって生きていく糧、財産になっているからだと思います。その時、その場でいかようにも変えられるのは、この感じ方、捉え方です。心の視点を引き上げてみることで〝いま〟自分に起こっていることを俯瞰する、すると私自身に起きている状況、心の状態が明らかになる。その状態を前にして、自分の意思がどうしたいのか、ｗａｎｔが初めて見えてくる、最後には使命感という覚悟が入る。ここは自分の場所ではないとわかったら、パッと切り替えて、「私は違う世界に入り込んだ」と過ちを認める。さらに、そこで見るもの見て帰ろうと思ったのは、覚悟があったからだと思うんですよね。その先の未来に対して、自分がどう在るべきかということを教えて貰えるチャンスだと思って、目を見開いて、全部受け止めて帰ってきたわけです。真似することは勧めませんけど、生きた心地がしませんから（笑）。あんな状況、やっぱり凄く凹むというか、要するに切腹するか無礼者として斬られるかどうか。

Ｉ：確かに、超一流ミュージカルのオーディションを舞台にこのような経験をするのは誰にもできることではないのですが、ここまで凄くなくても、誰でもマインドの法則に沿うと、色んな場所、空間が「在りのまま」に見え、どのように生きていくかが見えてくるんですね……まさに今の久瑠さんのように。

自分のことですらわからないものなんだ、という自覚

K：そうした体験は、ほかにもいっぱいあります。見てこなかった世界に気づけた瞬間。その先にパッと広がる世界を誰もが体験することができます。

女優に転向して最初に、「あなたには闇がない」、「人間の澱んだ汚れた何かを表現していけるのか」と悪役を頂いた時にそう言われて、モデル時代の経験から、私はクリーンであることで何色も纏《まと》えるのではないのかと伝えました。すると監督に「それでは濁《にご》りが出せない」と言われたんです。

人を騙す・憎むとか、人間の情念みたいなものを籠《こ》められるような女優を目指さなければ役者としての醍醐味を味わえないと言われて、最初は、今までの経験を否定されたようで凹みましたが、その時の私は女優をやることに決めていたので、発想を切り替えました。

私に渡された本は、「シンデレラ」「人魚姫」といったおとぎ話の世界をとにかく暗い情念で描き直した一冊の本でした。「それで悪役、暗さを研究してみなさい」と言われて、新たな境地を無我夢中で勉強したんです。

物語で起こった事実、筋書きは同じストーリーなのに、受け止め方、感じ方が違うことで180度、ガラリと違う世界がそこには描かれていました。この本をヒントに、悪役を演じるということは、全く自分にないモノを入れて演じる、それを脳内に創り出していけばいいんだ、という役創りの本質を体感としてマスターしていきました。

さらにどんな役も一人の人間というレベルを超えないといけない。超えていきたいと思いました。俳優は、人に非ずと書くと申しましたが、人を超えていって、心の機微とかを探求するという在り方が必要で、それがマインドビューポジションという点に相似していて、今の仕事に繋がっている気がします。

「そんな人間の気持ちなんてわかるはずがない」という発言があったとしても受け止めていきたい、「言葉だけを聞くな」と教えているのも、その人の全体として人生そのものを掴んで貰いたい、その上で自分が見出したいと願っている潜在的な世界は、全ての人の心の中に必ず眠っているのです。それを探り当てるような感覚で、人の心の機微を掴んでいく。捉えていく。それは〝いま〟日々、伝え続けている〝心の業《わざ》〟の原点でもあります。

でも、捉えたと思ったらまた変わっていくという世界だということを忘れてはいけない。「あなたの話していること、わかりました」、なんて気安く言えるのかということです。だからそれを、自分のことすらわからないものなんだと自覚しつつ、人の尊厳を重んじ、リスペクトをきちっとできるマインドで、向き合っていく、これをまず第一にマスターすることが重要なんです。

今のお話は、本当のプロになるということがどれほどに大事なことかと、お伝えしていて、この大事さが体感としてマスターできれば、絶対にそれを見ていてくれている人はいるし、何かをしなくとも何かしてる人になれるんです。それが潜在能力ということ。

I：捉えたら、すぐ変わっていく、相手の方も久瑠さんも常に生きているわけで、これに寄り添うのは「変わる」ということを、常に思いながら向きあっていく必要があるのですね。さらに「知らないということを、知っている」この姿勢は忘れがちだけど、常に心に留める必要があると思います。

【儀】

I：今まで述べられてきたことを、あえて逆の視点から見ていきます。今、空気を読むのが大事だとか、人と違うことをしていると、バッシングされるとか、いわゆる同調しなくてはいけないという社会の雰囲気があります。この空気の中で、自分のマインドを持ち、未来を創る、という生き方は、誤解も生じやすいのではないでしょうか。

素直であることの素晴らしさ

K：私の最初の著書に、『一流の勝負力』（宝島社）という一冊があって、その本の中に、我儘でいいんだよ、という話を書いているんですが、そのフレーズを読んで、もう、涙が止まらなくなったという40代の方がいます。本を読んで涙が溢れてくると思わなかったから、電車の中で必死にその涙を堪《こら》えていた、「これはいったい何なんだろう」と、私のパーソナルトレーニングに訪れました。

人に何かを相談する人間じゃないし、相談ごとがあるかというと別にないんだけど、先生が言ってる「在り方」に自分は何かが足りていない、そう思って、取りあえず会いに行ってみようと思っていらした方ですが、かれこれ10年になりますが、私の塾生のリーダーとして活躍されています。

その時のエピソードをことある毎に話されるのですが、「何で僕は涙がここで溢れるんでしょうか？　と先生に聞いた時、『無意識の潜在意識の中にある自分に触れたから』とそう答えられて『それで涙が出たあとどうでした？』と聞かれ、何か温かい感覚になったと言うと、『浄化の涙ですね』って言われた瞬間にまた涙がどっと出てきたんですよ……」と。

これは女子プロゴルファーの金田久美子選手にも言ったセリフなんですよね。

我儘であることを否定しかけていた時、あなた全然我儘じゃない、とそう伝えたんです。在りのままを見て、ただ、自分に素直なだけなのだと伝えたんです。

アスリートというのは、自分達のこの上ない技や最高のパフォーマンスを見せることで、観る者に勇気を与えることができるんです。だから、その飛躍のための土台となるホームというか受け止める場所をちゃんとつくることも、非常に大事だと思うんです。

どこでも、何でもかんでも赦《ゆる》されるという我儘を受け入れる社会がいいと言っているわけではなくて、根本的なところで人格を否定されてしまう社会のシステムが現にあり、それって「もう、残酷だし、ダサい」と思うんです。

こんな才能のある人間をどうして潰すようなことをしてしまうのだろうか、妬《ねた》みやっかみの世界がそこにはあって、そこに、違和感と憤りをを感じる時があります。

クリーンな世界にその彼女を入れた時に、つまり視点を引き上げてその世界を見た時に、彼女が素直であるということがどれだけ素晴らしいことか。だからこれだけの成績を出せてきたんだろうし、小さい時から素直に生きてきたんだ、ということも言えるんです。

しかし、どんどん視点を下げてくると、もっとみんなと一緒に行動してほしいとか、目立ちすぎるとか、そんな試合とは関係ないどうでもいいことでいろいろ言われ出す。結局は誰かの都合に合わない、互いの都合の折り合いをどうするかで、自分の大事なものを台無しにしようとしているなんてとても残酷なことです。

「あなたの人生はあなたのものだ。誰のためにと言う前に、自分のために何をするか」に立ち返ること。傷ついている人がいたら声をかけたいし、今の社会は何で大人が誰も大切な何かを守ることができないんだろうとか、そういう疑問が膨らんで、この仕事に私はシフトしてきたんです。当初は女優と本気で向き合おうとしていたし、今の仕事を目指したわけではなかったからこそシフトできたし、半端な気持ちならきっとやっていないだろうと思う……。

色んな世界を見ると、何でこの人が傷つかないといけないんだろう、ということが驚くほどに多いんです。だから、「あなたは何も悪くない……」という言葉がそこで生まれたのだと思います。そしてその言葉の真意は潜在的に在るそうした何もしようとしない人間の奥底にある「何かすべき」という無意識の想いに、うちのリーダーもそうだったように、届いたのかもしれません。

I：自分のやりたいことを、自分以外の社会とか他人とかに、何となく無意識のうちに決められて、やりたいことを曲げちゃう、何でそんな自分以外の人に自分の人生を決められなきゃいけないのって、言われたら、ハタとみんな思いますよね。勝手にそういう制限を自分でかけているというか、あるいは圧力もあるし。

自分に嘘、我慢をしているってすっごい汚いこと

K：そうなんです。だから、俳優で言えば、「ありがとうございます」の言い方一つで話の流れが変わるのに、「なぜその決まりきった言い方を選ぶのか?」という疑問が凄く湧く。

その役としての感情があって、それをそのセリフでこういう感情に持っていきたいと自分が思ったら、違う言い方が当然出てくる。それを単にセリフとして音読しただけでは、言葉の意味は同じでも、それこそ非言語化されている無意識に伝わってくる真意がズレてくる。そのマインドがもう嘘をついてることになるんですよね。

私がここで伝えているのは、自分への偽りとか、自分に嘘をついたり我慢していくことで、心の中に不協和音を生むことになる、ということです。人の自由を圧殺する虚偽の建前だけのような世界を創り上げては、「見て見ぬふりする。我慢することは美徳」みたいな、そんなの大っ嫌いって思っていたわけですよ。

それを逆に言うと、我儘は自分への我慢じゃないんですよね。我儘であるというのは、本当の真理である「在るがまま」という世界、自分の我(エゴ)を超えた上の次元の世界で、それ

しかない。

そこにしか生き方の美学に従える世界、至上の世界はないんだというか、そこが絶対的な調和の世界なんです。

そこでブレるということがおかしくて、それは我儘じゃないんです。単なる逃げ口上なんです。つべこべ言ってる、理屈をこねてる人を世間一般では我儘だと思っているところが往々にしてあるのだろうけれど、そういうのとは全然違うんですよね。

一本筋が通ってるはずなんですよ、我儘で在るがままの人っていうのは。その筋というのを、渋い言い方をして「儀」という言い方をしてるんです。

「儀」って何ですか？ というと、難しいようにも聞こえるんですが、でもそれは自らの内に揺るぎない何かが、一つの道を貫くと見えてくる、ということで、別にそれを今日、体感することだってできるわけですよね。そんなことを教える塾をやりたいなと思ったのが、そんな心そのものを創るのが「マインド塾」です。

【勇気】

勇気を持つことの大事さ

「勇気って何ですか?」って聞かれても、みんな実感としてわからない。勇気の扱い方も知らない。例えば、誰かが折角出した勇気を、スルーするとか、人が輝いてるのを見た時にそれを受け入れられなかったり、眩しく映る人を見ることで逆にコンプレックスを感じて嫉妬したり、美しいモノを美しいと言えない心があったり、そんな無自覚な自分に気づけずにいる。

でも、一番大事なところは受けて立つ勇気を持つ、ということなんです。

それができないのは何ですか？　というと、要は「ケチん坊」なんですよ。「ケチん坊」は貧乏マインドを生み出していて、貧乏マインドだから、全てが貧しくなるんですよ。当たり前の法則なんです。

でも、ケチ、吝嗇《りんしょく》が支配する社会と、全体として豊かになっていく社会とを比べた時、豊かな社会で、笑顔の人が増えた方がいいに決まってます。

笑顔の人は、そのエネルギーで周りの人を笑顔にする。その最初の笑顔の一人に自分がなれるかと聞いた時に、「それって……どういうこと」とか「自分はそんな力があるとか、ないとか……」ってブツブツ言うんですよ。条件つきの「イエス」はいらなくて、「これでこういうタイミングで」とか、「それは明日にならないとわからない」とか、そんなブレブレの人間が10人いたら、その空間が低い次元になってしまいますね。

そう在りたい。ただそれだけでいい、在りのままの自分にできること、それが大事で、そこからしか始まらない。私はそう思うのです。

I：ケチ、というのは無意識に保身しているとともに、そのままだと社会も何もみんな貧しく暗くなっていきますね。

Ｋ：でも、勇気を持つことの大事さを理解し始めている人は潜在的にはいるんです。さっきお話しした「浄化の涙」を流した塾生ですが、彼がよく言うのは、「僕は本当はこういう勉強をする人間じゃなかったし、久瑠先生の文章に触れてなかったら、多分、今の自分の喜びとか充実感みたいなものはない。そしてそれを人に教えたいなんて思う人間じゃなかったのに、なぜか苦しんでいる人を見るとほっとけなくなってる自分がいて、それが初対面の人であろうと、そうなる」ということです。

「ほっとけない自分」がいる、と気づいた彼は、勇気が無意識に沸き起こる、こうすれば、こうしなくてはと伝えたい、教えたいから動く。どう思われるかではなく、どうしたいかで動けているということで、自分のｗａｎｔに繋げていけている。それはもう、やらない選択はないので、迷いがないんです。

迷いがないということが、いかにパフォーマンスを上げるかということに気づいていき、昇給だったりとか、周囲の評価が次々と上がっていったんです。今までいろいろやってきたことは何だったんだろうな、と思うくらい。

その状態に高まった彼は、一つ自分の次元を変えようと思って転職するんですよね。引き抜きがあったんです。

会社を移ろうとして履歴書を書く時に、無意識に自分の長所にポジティブって書いて、短所にネガティブって書いたんですって。

「あれ⁉　どっちだ、矛盾しているじゃないか⁉」と戸惑ったという話があります。

今までの彼はネガティブだったんです。外資系の企業だから、何でもっと未来を語らないんだとか、なぜこうしていこうというポジティブなことを盛り込まないんだとか、だから君の提案はいつもネガティブで平板なことばかり書いてあるといった評価だったんです。

そこでネガティブというのが自分の短所だと思い込んでいたのですが、今の状態になって、無意識に長所ポジティブと書いたあと、あっ矛盾していると気づいた。どっちだと思って、ネガティブの方を消したんです。もう僕はポジティブになってるんだなって。これはまさに潜在意識が塗り替わっている証なんです

そういった無意識を変えるというのは、自分で意識して変えるモノじゃなくて、自分の行動パターンで変わっていくんですよ。

I：変わりたいのに変われなかった人間が、なぜたった一度のトレーニングで変化しちゃうのか。つまり、変わらなくちゃ、という顕在意識ではなく、トレーニングで自然に変化してしまう、前に出てきた企業研修のクライアントが仰っていたことですね。それが9割の潜在意識に働きかけるトレーニングの極意ということですね。

モチベーションは上げるのではなく、自然に上がるもの

K：そうなんです。性格が変わる、というのはその一部なんです。無意識の行動、潜在意識に

駆動されているのが9割なので、誰に会っても、彼がネガティブな人だという評価はすでにないということ。そういう感じで、自分自身の在り方自体を変えていくと、その人が在りたい姿に変わっていく。誰もが「在りのままの自分」で生きられる。さらに社会全体を見据えて、空間で変えていく。一人から他の人へと潜在的な繋がりで空間全体を引き上げていくというところを目指していきたいと思っています。

居心地の良さとか、やる気とか、モチベーションって、自然に上がっていくものですと、これまでに研修の場でもお伝えしています。「モチベーションを『上げる』という言い方をされる方が多いんですが、モチベーションは自然に上がっちゃう。血圧とか心拍数と一緒です。内科の先生が、「血圧上げてください、下げてください」って言ったところで意識して変えられないのと同じで、社員に向かって「モチベーション上げましょう」と言ったところで、「どうやって……」となり、何時間伝えても全部スルーです。もちろん「モチベーションが上がるのはいいことなんだろうな」と上げたいとは思っても、上げたいから上がるものではない。正しい概念は入るけど、それを新人研修やリーダー研修でやっても意味がない。むしろモチベーションが上がるどころか、自分のネガティブな意識を強くしてしまい、ストレスを感じさせ、逆効果です。ましてもう10年、20年働いている人にとっては「今更何言ってるんだ」って話になってしまう。

常に目先の数字を追いかける重圧を抱えている社員には、別の次元から風穴を開けていく必要があります。風穴はマインドのパラダイムシフトを起こすことになり、非常に有効なアプローチになります。

狙いは無自覚の意識です。コチコチの顕在意識のブロックの頑強さは半端ではない。メスを入れるなら入れ方を工夫しなくてはいけない、無残に切り刻むようなことをしてもうまくいかない。想定外に手強いんです。繊細に大胆にアプローチしていく必要があります。

I：だんだんマインドのイメージがわかってきたのですが、言葉ではなかなか難しいとは思いますが、もう少し、ご説明いただけますか

時間は未来から流れてきている

K：私は、マインドを空間として捉えていて、立体的なモノだと感じています。

ここで目先の現実の話をしてくださいと言われたとして、私が捉えているこのマインド次元では、いったい、どういうことなのかピンとこないんです。

この瞬間、というのを私の次元で捉えるとすれば、もっと俯瞰的なものの中の機縁でしかないんです。1時間前の過去について話したいのか、1秒先の未来について話したいのかで全く変わってくるんですよ。

違う見方をすると、今この瞬間と言葉で伝えた瞬間、もうその瞬間は過去に流れてしまうから、時間がどんどん流れ去っていくという感覚がそこに生じます。その経時的な流れに沿っていって追いかけても意味がない。そうした経時的な、あるいは時計の時刻に沿った抽象的な流

れとは別に、人間は〝いま〟をもっと感覚的に体感して生きている、正確には生かされているんです。

I：ドイツの哲学者、ハイデッガーは、時間を念頭に置きながら何かをしようとした時に、「～する今」「～したあのとき」と語る際には、すでにそこに「～をする自分」というのが前提されている、と言ってますし、その自分は世界に投げ込まれた存在だとも言ってます（『存在と時間』）。また《マインドの法則》でいう、心の次元を引き上げて俯瞰して見ると、現在・過去・未来というものを同時に捉えることができる、というのは、アインシュタインの理論においても触れられていて、結局そこに繋がっているのだと、ある学者が久瑠さんの『未来を動かす時間術』（秀和システム）を読んで話していました。

K：誰もがそんな哲学的な難しいことを学ばなくていいと思うんですが、すでに解明されている哲学とか科学の知見で、人間が生活の中で活用してないものがあまりに多いのではないでしょうか。

例えば量子力学はモノの考え方、在り方に革命を起こしていますし、ヘーゲルの「精神」という概念や、それを継承している新実在論の世界の見方、クオリア（感覚質）という概念のかけがえのなさ、こういった考え方を体感して自らの人生に活かしていくために、《マインドの法則》は非常に有効です。なぜなら窒素や炭素が、ましてや歴史上の誰かが論じ生み出した概念そのものが重要なのではなく、人間の心、一人のたった一度の人生が重要で大切だからです。これを使って閉塞している人間、社会に切り込んでいくことは、心のオペとでもいうべきことになると思います。

時間の話に戻りましょう。

人間としての在り方を問われた時に、時間が未来から流れてきていると思えば、〝いま〟何を持っているか、何ができるのかが過去を創っていくわけです。

だから、捕れるボールもあったのにというのは後悔になるわけだし、捕れないボールを捕りにいったというのは武勇伝になるわけです。救おうとしたけど救えなかったと言ってる人は、救おうとしたけど、勇気がなくて動けなかったのか、それとも命を落とすぎりぎりのところまで救おうとしたのか、そこが大事です。だいたいヒーロー物語は後者の方なんです。ギリギリのところで命を失ってしまうというのも、それもある意味、サブリーダー風のヒーロー物語です。もっとも、主人公がやられちゃうとパートⅡが撮れない！

やっぱり、ギリギリのところで闘う生き様がヒロイズムを残すから、ヒーローとして観る者の心にその存在を残す、それがシリーズ物の醍醐味ですね。

そういうストーリーをやっぱり子供の頃なんか観ています。「カッコいい！」と憧れるヒーロー、みんないたんじゃないかなと思うんですよね。

I：何か時間というものを、動かすことのできない軸のように考えていました。もっと囚われないで、その枠を超えていけばいいんですね。ここから始めればいいんですもんね。

何が起きたかではなく、何を感じていたのか

K：過去の人生も、心の視点で引き上げて俯瞰することで、その記憶の塗り替えをすればいいんです。

事実は変わらない。でも、脳内の「真実」は変えられるんです。

真実、本当（真）の実《じつ》、それは何が起きたかではなく、何を感じていたのか。何を感じられたのか。さらに、その時感じられてないモノを、改めて次元を高めて感じてみるんです。そうすると、自分は満更でもないという一つの経歴が創れるはずなんです。

過去にスポットを当て、何を感じたかをマインドを引き上げた次元で見直す、すると新たな観点が生まれるんですよ。その観点に労《ねぎら》いを込めることができてる人というのは、他人に対してもそれができるようになるんです。

旦那の過去も許せるようになります。例えばパートナーといざこざが起きた時、「どこまで許せるの？　許せないの？」で言うと、「許したくない！」という気持ちが、感情がとても強いんですよ。今は変わりたくない、感情を変えたくないという衝動に駆られるんです。けれどその時に、そういう自分をもう一つ上から見て、そんな自分がいるんだな、いたんだな、でももうそこは「どうですか？」と問いかけてみる。「どうでもいいですね……」ってなるのか、「一理あるな、私が悪かったのかな？」と思ったところで、ストーリーが、自分の内側の真実

が、ガラリと自分の中で変わっていくんですね。

その時に伝えたいのに伝えられなかった何かで、人間って大半が苦しんでいるんですよ。人から何をされた、してもらえなかったといったことから立ち上がる感情。

しかし自分がそれに対して何ができるか、どう対応できるかと自省することで、実は未来は変えられるんですよ。

喧嘩別れしてしまった人が、喧嘩を買ってる状態で終わってると後味が悪いわけですよね。それを自分が過去のイメージの中に戻って、自分も悪かったと思うよという態度をとった時、その喧嘩相手が脳の中でシミュレーションした時に何て言うかなんですよね。「今更遅いよ」って言うかもしれない。でも、「今更遅いよ」って言うと思ったけど、「私はそれを伝えたかったの、許してください」って言った時に、その人が、見えてくるんですよ。

また、「そこまで言われたら僕も悪かったと思うよ」っていうパターンになるのか、それでも許さないって言ってるんだったら、自分がそういう人をちゃんと包み込めなかったなとか、それぐらいこの人も傷ついていたんだな、やっぱり怒ってるんだなっていう、続きが生まれるんですよね。

このように見て、未来から過去を取り返していこうっていう、ミュージカルの話じゃないですけど、そこから全てを受けとめ、やり直すことはいくらでもできるんですよ。

高い次元から見て、自分を省みる、謝罪する。それによって生じる自分にとっての罪悪感、人間にとって倫理的に最後の砦となる罪悪感をもつこと、これが大事なことなんですよね。

だから、それを失くすと、何か駄々洩れの人生になっちゃって、全部底なし沼に住む「沼族」。全部ごたごたの澱《よど》んだ世界、自分がやってることも不透明で、ごまかしで全部偽り、相手がやってることも偽りにしか見えない、不信感しかない。そんな世界にいて何か見出せるか？　何も見えなければ見出したいとさえ思わなくなる。そして何もわからなくなる。

信じるモノがなくなるということって、一番キツイんじゃないかなと思うんです。最後の最後の瞬間に、希望を持つ、信じたいと思う。

挫折の中にいて希望を持てるかというと、持てるんです。

未来を信じる勇気さえあれば。

希望が持てないマインドがそこにあるのなら、そのマインドと向き合わなくてはいけない。そこから逃げて、誤魔化して大丈夫って言い続けてしまうと、やっぱり澱むんです。一度そこに入り込むと抜け出せなくなる。それは全てを包み隠してしまう世界でもあるからです。

I：低い次元で謝罪しても、その場限りになり、結局は自己満足。そうではなくて、心の次元を引き上げて真実と向き合うことが必要なんですね。

【再び覚悟】

I：「覚悟を決める」ということについてさらに踏み込んでお願いいたします。

覚悟というのは、レベルが違うフェーズに自分を入れていくこと

Ｋ：覚悟は決めるではなく、覚悟が入るんですね。

大変なこと言ってしまったなとか、大変なこと決めてしまったなということは、後からやってくる。それに対し、入るという瞬間は、入っちゃって動いてるんです。

つまり、「考える」という契機を持った時点で、その人は迷っているんですよね。「考える」時、そこによぎるのは、今の自分は自分ではないという、何か否定的要素、今までの自分が壊れる、という保身のような要素、つまり、そこで逡巡している。心によぎる要素は、覚悟しなくてはならない対象とは違う要素であり、それがまぎれ混んできているんです。すでに純粋ではないんです。

私からしたら、覚悟なんて別にしないならしないでいいんじゃないの？　といった感じで、つまり、覚悟というのは、レベルが違うフェーズに自分を入れていく、それだけのことなんです。

『メンタルトレーニングで美人は創れる』（宝島社）という本を書いたことがあるんです。この際だから美人の概念を覆すくらいの、私なりに感じてきた美学について記そうと思って書きました。

美人とは、要は美しい人と書くわけだから、別に（女性だけでなく）男性にも当てはまることです。それは、容姿とか、顔つきとかを創り出すのが本質ではありません。

要は人間としての在り方の美しさです。ポイントは人として美しく生きる覚悟が入れば、美人は創られる、という話です。

I：なるほど、美しく生きる結果が、美人を創り出す、ということですね。そこには美人として生きるという覚悟が必要。

K：気高く咲き誇る花の在り方、生き様に例えたのです。潔さ、素直さ、という在り様は使命そのものです。存在の美は人間が自らの潜在能力を発揮して生きることでその輝きが出ます。トレーニングに訪れた人が輝き始めたのは、まさにこの現象なのだと思います。

花として咲いたのだから、カッコ良く散るという美学を持って生きなければいけない、日常の瑣事《さじ》に囚われて、色んなことにブツブツブツブツ言って咲いてる花はないのです。そんなこと言ってる間に桜も散るんですよ。

最期の最期まで潔く感じるのは人間が名残惜しさを持つからです。そのままで在ろうとする人間と、在りのままに委ねる花。桜の花が散る瞬間の美しさに魅了されるのはなぜか。覚悟があるのかないのか、そこがとにかく違うのです。

自分なりの生き様を宿す生き方をマスターすれば、色々なものが上手く回る、また、そういう人を見て、この人美人だなって思う……、そういう社会が生まれたらいいなと思うんです。

カッコ良さのある美人とは、そういうものがその人の中にあるんです。

他の人の視線ばかり気にして、見た目ばかり飾ってる人を見て、美しいと思うかなんですよね。キレイになりたいんだなというのはわかるけど、キレイになりたい人とキレイな人とは圧倒的に違う。自分を着飾って表面的なモノだけで美人だと思ってる人は、本質的に美人ではない。

「美人は3日で飽きる」というのは、美人が悪い訳じゃなくて、美人という言葉に含意されているものを誤解しているんです。本質的な美人は、3日で飽きるわけがありません。

I：一期一会という言葉がありますが、人と会う時に、この出会いが一生に一度のものとして相手に尽くす人ってきっとすごい美人ですね。会うたびに惚れ直す、ってそういう心構えを持っている人なのかも。

K：何をもって美人とするかという概念自体を変えていきますと、美人で生きる覚悟が必要なんです。「自分はいいや」、「自分は無理だと思う」ではなく、潜在的な美しさを引き上げる、人間の能力を引き上げることができる。

誰もが美人で在ろうとしなくてはいけない。そうでない人は、私はこうだからいいやとか、どこか逃げてるような気がすると思うんですよね。やっぱりどこかサボっちゃってる部分があるんじゃないかなと。

I：美しい人、というのは在りのままである覚悟が入っていることなんですね。

K：そうですね。『自分を超える勇気』（ベストセラーズ）という本でも伝えたのが、壁になるものがあった時、壁の手前で怖気づいてる人が大半なんだということでした。大半の人は闘ってない。闘いぬいた人って、勇ましい顔してるじゃないですか？　勝っても負けても。何ていうんだろうな……越えたんですよね。

I：壁を乗り越えられなくて、傷ついたと言っている人というのは、そもそも壁を乗り越えようとさえしていなかった？

マインドポジションを上げれば、壁は単なる壁

K：壁を越えていないとすれば、その手前にいる。飛び越えようとして、越えられなかった。いずれにしても越えていない人間というのは壁の手前にいるということ。越えられているかどうかよりも重要なのは、そこで何を感じているかなのです。越えられると思っている、願っている、「越えたら凄い、越えたい！」と思っている人間は、そこで苦痛は感じない、むしろ期待、喜び、希望を抱いています。そこに勇気があるかないかが重要なのです。

中途半端だってことですよね？　壁の手前で蹲《うずくま》って、傷ついたとか、後悔してるとか言っているとしたら、臆してる、憶病という闇に囚われているんです。越えられると思っている、こ

れを何とかしないと、壁があることすらも脅威になる。

壁自体は脅威じゃなくて、マインドポジションを上げれば、壁は単なる壁で、それこそ在りのままなんですよ。その壁というものが課題に変わるのは、これを乗り越えて、新たな次元に移行していきたい、という生き方を選択をするかどうかということなんですね。

高いポジションから見ると、「これを越えればいいんでしょ」ということになり、いけるよねということになる。また、今は無理だけど、3カ月先、1年先には乗り越えられるということが確信を持って見えてきます。それでも、まだ無理とか躓っている「壁すら見ようとしてないだろう！　お前」っていう話なわけ。壁はここでしょ。見えてるでしょ。

壁がくると、壁がくる気配を感じて、もう退散するぐらいの人が非常に多い。時に「僕は自己肯定感が低くて」とか「自分に自信がない」という言いわけをしてしまう。そういう時私は、何に対しての何の自信のことを言ってるのかを、その機微を見分けていくんです。さらにそれは、実際は過去の自分に逃げ込んでいるのか、現在の自分が臆病なのか、未来のイメージが描けずにいるのか、といったことを、明確に繊細に精密に緻密に見ていく。マイクロスコープみたいな観点で、潜在的な何かをサーチしていくわけです。

結果、どちらかと言うと、無意識の自分というのが9割以上だったとすれば、言ってしまえば、それは、みんなピンボケの人生を曖昧に生きている。自分のことなのに見えてないんですよ。「結局それは壁じゃない、何だったの?」と言うと、「あっ、それは壁ではありませんでした」と、壁だと思ったものは壁じゃなかったと気づいて、越えてしまう。これは潜在意識の働きによるものです。

そして何よりそのマイクロスコープを駆動するものは、「感性」なんです。

【根】

I：壁は単なる壁でしかない、マインドポジションを変えることなく、今の状況をそのままの次元で見てしまうと、その壁があらゆる状況に対して、均等に立ちはだかっているように思えるということですね。壁と覚悟について仰っていることは、まさに今の社会全体に対する提言のようにも聞こえます。これからの社会とどのように向き合っていったらいいでしょうか。

知性と感性のコラボレーションというのが、次の時代のテーマになる

K：まず極端にお伝えすると、国と国の役割やポジションの入れ替えが企業内外、業界ごとにも起きるということです。

例えば、世界的にトップクラスの巨大企業にしても、今、別の分野で違うモノの開発が進み、そっちの方がいい、もしくはそれでいい、となった時、必要だった何かは残るが供給システムごと入れ替わってしまう。マスクのトップメーカーでも、生産が追いつかなければ、他の業界も含めてどこかのメーカーが創意工夫で新しいマスクを開発し、そこにユーザーがつけばトップの位置が入れ替わるかもしれない。何だって入れ替わっちゃう可能性があるわけですよね。

「使い勝手がいい」という言葉がありますが、要は、今の状況に順応できるっていうのが問われているわけですよね。本質的なところに戻っていくんだと思います。本質的なことを求められるし、探求することを余儀なくされていく。そしてさまざまな気づきが生まれ、観点が生まれていく。知覚するという言葉には、覚悟の「覚」が入っています。状況の変化に応じて正しく、覚悟をもって知覚しなくてはいけない。ここしばらく「鈍感力」が大切なものとして問われていましたが、それは全く逆。鈍感さは敵だ、くらいに思うことが大切。こういう時代の鈍感さは「無自覚の悪」となるんです。今こういう時期にこそ敏感に、瞬時にすぐさま対処できることが大事なんです。

自分たちの都合で、ストレスになるから直面する問題に取り組まない、というのは通用しないんです。都合のいい言葉で逃げ道をつくることに長けている組織が多くある。「働き方改革」とか、「ダイバーシティ」とか、その場しのぎの都合でやってきたものは全部ばっさり斬られると思うんですよね。

改めて、根っこの部分から見る、「根性」「ド根性」って言葉、今、昭和的で嫌われがちで疎まれる言葉なんですが、実は凄く大事なんです。

ここは大事なことなので、誤解を受けないように話していきます。

根性という言葉は、根の性と書きます。

樹齢千年の大木をイメージしてもらうといいと思います。今、緑が茂っていたり、花が咲いている姿を見て、その生命力の確かさに人間は人生を仮託したりします。

でも、それがある日突然枯れ落ちた時に、パニックになるわけですよね。何でだと。わけもなく、枯れてしまうのかと。

でも、それは根っこを見てないからなんです。木の根っこを見た時に、根っこが腐ってて、その根っこの処理をちゃんとしていない、ちゃんと水や栄養分が与えられなかったからこういうことになったんです。

全部、原因がある結果だと、樹とか自然とか生命が教えてくれたとしても、人間はまた同じ過ちを繰り返します。目の前に実っている実を採って生活することだけが人生だと思ってるんですよね。

日本が昔強かったのは、農業などでもそうですが、年間を通して何かをするということを真面目にやるわけですね。その時に、来年のことも再来年のことも考えて、土壌を耕していく。

私、農業については詳しい訳ではないので想像ではありますが、常に土壌を改良しようと向き合っていて、またワインもそうですが、新しい品種を改良しようとチャレンジしています。現状の土壌を分析して、その土地でしかできないモノを調べる。また、研究をして、お米にしても環境に順応させながら、例えば北海道のような寒冷地でも栽培できるという結果が生まれています。

まず、「コシヒカリよりもおいしいお米を創りたい」というビジョンが拡がって、そこで品種改良し、創意工夫する。そういった営みの結実だと思うのです。そこには人の手が人間の「無いを在るにかえる」潜在的な力が一役を担っているのです。だから技術も品種も改良されて〝いま〟がある。

逆に目先のこと、これまでやってきたこと、現実に縛られて目に見えてる何かだけで商売してると、通用しなくなります。

過去から学ぶ洞察力は重要なのですが、洞察力だけだとダメなんです。洞察力＋推測脳を同時に入れていく、知性と感性のコラボレーションが、次の時代のテーマになります。その知性と感性はどちらが欠けても難しいんです。

I：久瑠さんのおっしゃる知性とは、根の部分を見据える知性、それを新たな事態に適応させる感性、これが求められるわけですね。多様性という言葉が流行しましたが、その内実を体現するシステムはいまだに手つかずなままな気がします。どうしても外側、形式から整えているだけで大切な本質には届かない。先ほどの変化を拒むマインドからの変革が今まさに必要ということですね。

K：例えば、枯れたものを何とかするといった時は、どうしても学者が出てきますよね。学者の先生だけでブツブツブツブツ言ってるテレビを見る度に、おかしな世界がまた生まれてるぞ、という気がするんです。

正しいとされてきた世界が覆った時、その発言は非常に弱い。

昨日もＮＨＫの番組で薬の開発に取り組んでいる特番を観ていたんですけど、一般市民の、例えばうちの母親みたいな人々にとって、何かためになるかというと、「早くワクチンを打ってほしい」という話にどうしてもなるわけです。開発過程の難しい詳細をいくら熱く語られても、今切実にワクチンを待っている人々にはその熱量は届かない。「私達はこれ買えないんでしょ？　飲めないんでしょ？　なんの意味があるのか……」というところで終わる。そこに希望は生まれない。

そうじゃないんですよね。現状は開発過程にあるかもしれないが、それで社会はどう動くのかとか、どうやってシステムが創られていくのか、〝いま〟まさにどこに立たされているのか、この先どのようにして自分たちに供給されていくのか、国民のなぜ？　に対して、いつ？・どうやって？　というビジョンを届けていく、そういう知性と感性のコラボレーションで対処して、新たなシステムを創り上げていくという、今はそのくらい根本的なスケールで発信していかないと太刀打ちができないような時代になっていると感じます。

コロナ以前から、今、経営にデザインが必要といった観点から、度肝を抜くような感動が必要と言われ始めていました。しかし「ダイバーシティ」という掛け声と一緒で、言葉だけが独り歩きしていて、具体的にはこれはというような何かはない。だからこそ、意識だけは〝いま〟ここから高めていくことで何かが動き出すのだと思います。

第4章

マインドデザイン
——新しい世界を生きぬくカギ

【マインドデザイン】

マインドデザインによって社会組織を構築する必要性

K：知性と感性のコラボレーションがこの先、絶対に必要になってくる。そう感じます。実際もう必要に迫られているのですが、やはり対応が遅い。切実な状況にならないと人間は改められないという性《さが》なのかもしれません。

けれど、〝いま〟すべきことは、地球規模のマインド改革です。そこをマスターするために潜在意識を活用していく。そして、そのための知性と感性のコラボレーションは形式的な何かではなく、潜在的な何かから始めていくもの。つまり人間と人間の潜在意識で感じ合う世界観から生まれていく何かなのだと思うのです。

デザインを経営に取り入れるとか、デザイン思考で社会を変えるといった考え方、概念は浸透しても、肝心の感性が駆動しなければ、錆びついてしまっていたならば、そこが手つかずであれば変革は起こせない。「知」というモノを動かし活かすのは人間の潜在意識の「感」です。ピンとくる、感動する。要するに顕在意識が織りなす「知」というものを介して現実的に感動に導くのは潜在能力です。知と感のコラボレーションなしには成立しない。

例えばスティーブ・ジョブズが創り出した世界の核は、デザインなんですよね。ビジネスにおいて活かされたからこその成功。

先ほど例に挙げたダイバーシティにしてもキーワードだけがもてはやされたことで「多様

性」を尊重することを理解はしても、それ自体の体感も喜びも感じられない。だから実践に落とし込めない。キーワードを掲げては「やっている感」を見せてる、というのが現状で、そんな程度ではいくら言葉の意味を頭でわかっても、デザインが活用されることは「今世紀、無理」となります。

働いてる人のマインドをデザインしていく、根本から、潜在的な根っ子から変革していくことが必要で、それなしには多分また元に戻って何度も同じことを繰り返すことになります。

ここで今、私がお伝えしたいのは、マインドデザイン。地球規模のパンデミックが訪れたら、まさにそうした根本治療という意味で何より重要なのは、企業体質を改善するためのマインド改革を起こすこと、社会システムを構築するための「マインドデザイン」の必要性です。

変化を起こすのは潜在的なマインド空間です。現状多くの企業が精を出して変えていこうと取り組んでいるのは、物理的な社内空間、環境で、肝心な社員一人ひとりの心は置き去りです。働き方改革も表層的な次元で、潜在的なものは触りようがない、手探りで模索しても無力です。あーしろ、こーしろと指示する時代ではなくなり、自らが自覚し、自らに問いかけ、そのマインドの質を向上させる、1割の顕在意識ではなく、9割の潜在意識を真ん中に、中枢に置き、再構築するマインドデザインが必要なんです。

私は心を脳機能というマインドシステムとして捉えています。人工知能のスーパーコンピューターと同様、人間の性能を単にハイスペックにすることは可能です。「知」の情報処理能力を極めていくことはすでに可能だからです。

しかし何より難しいのは「感」の処理システムです。例えば感情のコントロールが難しいと感じることが往往にしてあるように、一つ上の階層に人間を引き上げるための導線を創り上げるためには、顕在意識ではなく潜在意識を介さなければいけないからです。

ここからは謎解きのように聞こえるでしょうが、言葉尻ではなく、心で感じてみてください。マインドの次元では心の階層が幾重にも重層的になっているとイメージしてください。人間は大概、その一つの階層に生きています。例えば私がパーソナルトレーニングを行う時は、そのうちの高次の階層からアクセスし潜在意識に働きかけていきます。その方に応じて、その階層を引き上げていくことで「これまでの自分」ではなく「未来の在りたい自分」を創り出していくことができます。

ワークショップにおいては、空間を通してその高まった階層を体感してもらいます。要は心の階層を自ら高めたり下げたりできる、もっと言えば同時に目の前の人の潜在意識を体感し、その人の見ている世界に心の階層をシンクロさせて入り込む〝心の業《わざ》〟を習練し、マスターできれば、自分以外の誰かの潜在意識に働きかけることで互いに在りたい、共有ビジョンを創り上げていくことだってできるようになるのです。だから共に存在している〝いま〟にいながらにして、異次元を行ったり来たりしながら、その人の「現在」、「過去」、「未来」を並列に、一つの空間として感じることも実現可能となるのです。

I：お話を聞いていて、体感でその「階層」を掴むとしたら、個人的な感想ですが、29ページの図の、マインドビューポイントで示されている「次元」を参照しながら、心の中でイメージしてみると、何か感じられる気がします。

K：こうした無自覚な潜在意識の扱い方については《マインドの法則》としてお伝えしていますが、このトレーニングには「知」と「感」の二つの側面を相互に関連づけながら錬磨する必要があります。感性の裏付けがない知性は無意味ですし、感性だけのままでは、いつでもだれでもどこでも対応できる理論を身につけることはできません。そして、その上で、実際に潜在能力を発揮して実践するためには、このトレーニングを通じて、知と感の統合を体得し、〝心の業〟をマスターする必要があります。一人ひとりが自らマインドデザインする。その核となるのがマインドビューポイント、指針となるものが《マインドの法則》です。

心の性能には2つの観点が必要になります。

①居心地の良さ、快の体感、カムフォータブル・フィーリング
②速度、緻密さ、正確さといった能力

そこに「感性」が様々な情報を読み解いて反応する力。感動を生む力。「知」を活用し、「知」を人間基準にフォーカスする力、それが「感」です。

冷たいのか、温かいのか、悲しいのか、嬉しいのか、美味しいのか、不味いのか、梅干しの酸っぱさを感じられるのが人間です。苦しいと立ちどまるのが人間です。それを体感できるのが人間です。コンピューターにはそれができない。知性と感性は別次元なのです。

私は人間の在り方自体を変革させていくという営為が必要だと伝えたいのです。それを創り上げるためには、学者や知識人だけではできないものだし、感性のアーティスト集団が何人集まったところで、派閥が幾つも生まれるだけで、論じ合いと競い合いが交差するだけ。

求められるのは、知性と感性を統合する脳、この統合する力というのはまだまだ開発の余地があります。しかし、あえて付け加えますと、この統合というのは、究極は原理的に完成できないものなんです。あくまで統合とは果てしないプロセスそのものであって、無限のデザイン。だからマインドデザインは果てしなく続く地平線のような……そんな意味合いを感じて貰うことで、終わりがあると思えばある、ないと思えばない。永遠に続いていく壮大なダイナミズム、それが人間の潜在意識なんです。

生きていることとは、常に不完全がつきまとっていて、そのために自由があります。完全に統合されてしまうと、コンピューターの世界が人間になっちゃうし、人間はコンピューターになっちゃうんです。当然ながらそれは不可能とも言える。そこにおける人間というのは完結した形、すなわち「死」を意味するんです。

生きていることは、常に不安定で変化し続けていくことを課せられていて、この変化は生きるということにつきまとっていますが、このような在り方を宿命的なものとして在るがままに受け入れ、自らのマインドビューポイントが引き上がることで、自分と他人の境界が薄らいでいく。「利己」から生まれる「利他」なのです。自らのｗａｎｔと相手のｗａｎｔが重なっていく。この真の利他は利己からしか生まれないのです。

マインドで未来をデザインし続けていく、自らのマインドに変革を起こし、自由を変化とともに引き受け続けていく、このようなことが大事だと思われます。社会がどうであれ、現実が揺らごうとも、自らのマインドにフォーカスし続け、心の階層を高め続けていく覚悟が試されていく。このように生きることは、お互いに生きている他者への尊重にも繋がります。

I：視点を変えれば倫理的な要請にも通じていますね。カントが、『実践理性批判』の中で述べている、「汝の人格と他者の人格の内なる人間性を手段としてのみではなく、常に同時に目的として扱うように行為せよ」という格率（道徳の原則）ともまさしく軌を一にしているように思われます。

K：人間がお互いの尊厳を尊重しながら、正しく在る、そんな在り方ってあると思うんですよね。自らに正直になって、未来に勇ましく在れるか、まるで自然界に存在する何かのような生き様、在り方が、そういうレベルなんだと思うんですよ。

傷ついた戦士たちを守る社会というのがない

カッコいい世界とか、凄く美しい世界、のびのびと自由に生きられる社会を追求し、探求していくことが重要だと、改めてお伝えしますが、それを忘れてはいないか、ということ。今こそ再確認する必要があると感じています。

しかし、今の社会はこのレベルではない、また、そのような在り方をした人が優遇されない。つまり正直に生きてる人間や、真面目にちゃんと生きようとしている人間が徳を積めてない、そんな危うい時代なんです。自分を偽って、自分を誤魔化す人間が、なんとなく上手く世を渡っていく……そんな社会になりつつある。

むしろ自分って何なんだろうって省みたり、落ち込んだりしてる人って、自分以外の誰かや何かと潜在的に闘い、傷ついてる人なんです。人生とちゃんと向き合おうとしてる人なんです。私のトレーニングルームに訪れる方の多くは、自らの潜在的な力を引き出すことでそうした何かの力になろうとしている方や、自分の人生を改めようとしている人であり、私にはとっては何より誇らしい人なのです。

本気で自分と向き合おうとして、まさに自分を変革しようとしているっていう、その傷ついた戦士たちを守る社会がないんです。だからこそ、私はマインドシステムを自分の心の空間に創り上げることが本当に重要なんだと、まずそこからだと思っているのです。

一人ひとりの人間がやるべきことは、とにかく、人間の9割の潜在意識を含めたマインドの法則を知り、自らのマインド空間をデザインできるようにしていくということだと思います。

【キーワード】

I：これからは知性と感性のコラボレーションが大事だという事になりますが、ここで一旦、その辺の関係性をもう一度整理したいと思います。まずは「知識」について伝えていただけますか。

まずは知識を積み上げること

K：知識は蓄積するのではなく、積み上げるのです。すなわち、歴史とか、科学とか、思想の知見を積み上げることが大事です。

蓄積という言葉にマインドの視点の低さが露わになります。蓄積、頭に詰め込むという習得の仕方では限界がありますし、圧倒的に情報不足です。無意味に知識だけを詰め込み蓄積するのではなく、生きて動く時の関心と興味に応じて、楽しく知識を積み上げていくのです。

小さな子が何でも知りたがるように、無我夢中で本を読んだり、人から学んだりする時、人は多くの教養を身につけます。興味や関心がないということは、言ってしまえば内側の愛が微弱ということ。勉強愛がない。知ること、探求する欲求には自己愛の成長が必要です。その上での知識です。

マインドビューポイント＝心の視点が引き上がると、自ずと格段に情報処理能力が高まります。するとこれまで関心の持てなかった情報も入ってくるようになる。一つずつというよりは、いくつもの情報を同時に、という感覚です。左脳的な勉強を積み上げてきたマインドに最初に訪れる変化です。外側の世界に溢れているモノやこと、人の目に見えるものから、見えていない潜在的な価値にも気づくようになるので、先回りして動けるようになります。だから時間の制約もなくなってくる。「時間がない」ではなく、充分に在ると捉えられるようになる。つまり何かをする前から、すでにやれる気がしてくる、というマインドになれるんです。

こうなると何か始めたくなったり、チャレンジしたくなる。要は自分の可能性を試し、拡げていくことを求め始めます。潜在的なｗａｎｔがここに生まれる。全てはイマジネーション。未来の何かを思い描くことが〝いま〟この瞬間に脳内に映し出されてくるような、現実には起こっていないけれど、起きる気がしてくる。そこに潜在意識が稼働し、スパイラル状にマインドビューポイントが引き上がる。このプロセスを経て、自らのマインド自体が内側の世界をデザインする。そんな楽しみで人生を、未来を動かすことができるんです。

※例えば、地球上の任意な場所を点として、複数選びます。この複数の点を結ぶことでそれまで個々の点だけで持っていた孤立したイメージは拡張され総体として一つの新たな構造を持ち始めます。東京だけ、パリだけ、ニューヨークだけという考え方から、世界を、という考え方が生まれます。このように、認知能力の次元を上げていくことで、体験していないことも体験でき、他者の人生に涙して共感できるようになり、さらには未来をも視野に入れることで、脳は高次の感動を得ることができます。このようなワークショップも久瑠さんの塾で実践されています。

自分事として物事を捉えるということ

そして、自分事として物事を捉えるということ。自分の軸で、自分の受け皿をしっかりと持つこと。まるで一眼レフカメラのレンズの焦点を合わせていく瞬間のように、自分の器を硬直させないで、もっと柔軟に、もっと思いっきり拡げたり、ギュッと狭めたりということをできるようにするっていうこと。それが自分のマインドにフォーカスするということ。

もう一つは、感性、そして理《ことわり》

先ほど（171ページ）、私はマイクロスコープって言ったけれども、ピントがズレたなと思った時に修正する力、マイクロスコープでぶわ〜っと見ていく力は感性だから、それを生のままの自意識の感覚だけでやっちゃうというのは危険で愚かな行いです。

ここで必要なのは、対象をもう一つ上のマインド次元で捉えていく感覚で、その判断は「理《ことわり》」の世界による裏付けがなくては実行できない。

この「理」により、自分基準と社会基準の位置を測ることができ、その上で、あくまでも自分基準で生きていくため、道筋を見定めることができます。これを自在に駆動させることができれば、あえて言葉にすると、感覚が知っているというか、指が自然に動いていくように対象に120％フォーカスし、ただ素直に反応していくという感覚になります。

感性を活用するための知性と、体得するという学び方

感性を最大級に活用するために、間違いがない・ミスがない・正しい世界に導いてくれるモノが知性です。その下に知識という、勉強すれば誰もが身につけられる部分があります。

頭で考えるのではなくて心で感じていく、体得する、というのは、それとは全く別次元。それを並列に学ぶのが、本来の「学習」ということになってくると思うんですよね。

この「体得」という学びの方法を自分のものにするために、感じると、考える、を同調させ

てみることもできます。

一つのことだけをやると、人間はすぐに怠けるんですけど、同時に複数のこと、感じながら考える、考えながら感じる、ということができるんです。私は塾でもやってるんですが、みんな脳内、特に前頭前野がホント熱くなっちゃう感じで、終了するとおでこがぐったりするっていう言い方をするんです。

これは慣れてないと難しいと感じるんですよね。でも慣れてないということは、できてないということの証なので、繰り返し実行して体得していきます。そこに例外がないのは、マインドの法則は誰にも高い次元で当てはまるものだからです。まさに、マインドプロセスを自らデザインする力を創り出します。

そうやってマインドシステムを構築していくと、視点は自然に引き上がっちゃうんですよ。そして、一度創り上げられた人は一生モノになります。

こうなると、日常の仕事の質も、量も変わってきます。潜在意識で塗り替えられ「感」が動き出し、いろいろな変化が起きます。与えられた仕事が18時ぎりぎり迄かかっていた人が、15時か14時に終わっちゃう、と言うんです。これ、どんな職業の人も同じことが起きるのです。周りの人から、「そんなに早く終わられると、私達がサボってるみたいだから」という話が出るくらい、坦々とやれてしまうんですよね。本人は特に頑張っていない、むしろ楽しんでやれるというのが特徴です。

何でそんなことができるようになるかというと、人間って、考えているだけの時間がいかに長いかということです。「知」の限界です。つべこべ理屈を考えたり、納得いかないと迷ったり、色んなことをやってしまうので、手が止まってる時間が凄く長かったりするんです。

仕事の質という観点で言うと、やっぱりいかに早く、美しく仕上げるかということに徹するべきです。それは、3カ月やったら3カ月なりに、半年やったら半年なりに能力は上がっていくものなので、時給が上がらないのならば、社会のシステムの方が、変なことになっている証とも言えます。

また、時計の時間で動く人と、心の時間で動く人で、時間活用に違いが大きく出ます。

時短です、ということになると、ただ15時になったら帰ることが時短だと思っている。「途中で仕事を投げ出してでも帰ることが許されるのが、時短の仕事の派遣なんですか」と派遣会社の人に聞くと、「いや、そう思って時短のシステムを作ったんではないけど、15時迄の契約なので、15時迄に返さなきゃいけないんです」と答える。では「15時の人と18時の人の違いは何？」と聞くと、早く帰るか帰らないかの違いとなってしまう。こんなシステムを放置し、続けていくのかです。人の能力を引き出せないシステムです。

本来15時に帰る人は高いパフォーマンスがあるから、高いお金を払ってでもお願いする一方、その人に人気が集中すれば、18時迄やってた人が15時に終わるために、パフォーマンスを上げようと見習う、というシステムがベストだと思うんです。

そうすると、先ほどのセリフは出てこないし、早く終わっちゃう人を羨望の眼差しで見て、「凄い、この人、何でこんなに早く終わるの？ 私は何をやってたのかしら」って思い返すことになりますよね。

今はそういう社会のシステムがないし、評価の対象もおかしい。誰に対して何を貢献しているのかということの本質が、無自覚にズレてしまっていると思うんですよね。

ズレには透明スケールを活用する

「理」の重要性について伝える時、私はよく透明なスケールをイメージしてもらいます。このスケールの中央を自分基準として、それに対して社会基準とどのくらいずれているかを測るのです。＋にも－にもずれたりする社会の基準で生きるのではなく、自分基準で生きることへと繋がります。この自分基準で生きるという時、大切なのは社会基準となる位置を知るということ。一人で生きるのではなく、社会で生きるんです。その上での自立です。好き勝手に生きるということでは決してない。

物理的な社会のルールや基盤をどんな時も透明なスケールのようにして、その目盛りの感覚をマスターしていくことで、もっとずっと生きやすくなり、「自分はどの程度ズレているのか、そのズレに居心地の良さを感じるのか、逆に居づらさを感じ、どの程度の違和感を覚えるのか」、それを知っているのか、知らないのかでは雲泥の差です。

このスケールは情報次元においては教養のスケールになります。知識はひけらかすものではなく、活用するもの、社会に役立てるもの、それが自然に使えるようになる人は、このスケールをちゃんと持ってる。だから知性がにじみ出て魅力になる。

また、何より感性のスケールは有効です。表現すること、マインドでデザインするために必要不可欠です。どの程度、どのくらいというズレこそが表現の幅を創る、敢えてズラすんです。よく「面白みがない、もっと遊んでいい、型にはめずに、もっと自由に引いてみて」とか、もっと笑ってとか、もっと元気に!! とか、監督やカメラマンに言われた時、「えっどのくらい?」と迷うのは、この透明スケールが体感として持ててない、摑めてない、どうしていいかわからないということです。スケールにおける相手の位置と自分の位置を見比べながら表現することで微妙なニュアンスを伝え合うことができる。もちろんトレーニングにおいても、会話においても、マインド空間において透明なスケールはいつだって活用しています。

【ワークの実際】

I:一人の人間としても、社会的にも久瑠さんのワークの在り方はとても大事に思えてきたのですが、「考えながら感じる、感じながら言語化する」ワークは具体的にはどのようなものがありますか?

転ぶことをカッコ悪いと思ってる人はホントのカッコ良さにはいけない

K:例えば、潜在意識に働きかけるワーク。ワークを重ねていくことで、気づいたら「あれっ!?」「何? この感覚」と、物理次元においてはサーカス感覚でマスターしてもらうイメージで、空中ブランコの感覚。でも床にはちゃんとトランポリンやマットは敷いてある。「現実

⇕非現実」を往還するイリュージョンを体験し、奇跡や感動が普通であるように持っていくトレーニング。他にも「リズムとテンポの時間術ワーク」とか、「高次と低次の心のバネ伸ばしワーク」とか。

でも何をさせるかではなく、何を感じさせるか、いかに潜在意識に繋げていくのか、システムを組む時に重層的に階層を創り込むのと似ているかもしれません。最大の違いとは、それを活用するのが人間「自分」そのものだということです。タイトルを伝えてもかえってわからないし、意味もない。目的は心の性能を高め、一人ひとりの在りたい人生へと変えていくためのマインドを創り上げることですから……心配になるでしょう（笑）。だから楽器と一緒でどれ程緻密に創り上げても、演奏者によって音色や響きは日々移ろい変わる。それが人間の織り成す人生そのもの。

他にもタイトルをあげれば、マインドを「引き上げて異次元を体感するトレーニング」や、逆に「みんなを悩ます落武者トレーニング」……。

肉体のトレーニングに例えると、自転車をこげない人はいないじゃないですか？ ランニングマシーンができない人もほぼいない。もしできないとすればその人は怪我をしていますよね。それはトレーニングではなく、まずは治療を施した上で、リハビリを行った方がいいわけです。リハビリのトレーニングメニューというのはまた別にあるんですけど、この自転車を上手にこげるかどうかという話でいくと、マインド塾に来た時に、マインドを上手く動かせるかどうかというと、当然二つに分かれるわけですね。

「はい、心を動かしてください」って言った時に、固まっちゃう人、筋肉が硬直する人がいて、それは動かしていって動くようにする、というストレッチを入れたトレーニングを実施します。まずは一人ひとりの階層のレベルを見極めるんです。

マインドをスムーズに動かせる人には、どのワークがふさわしいかとか、非常に感覚的な伝え方になりますが、その空間で対峙していくことで、私が一人ひとりの参加者の動きに合わせて、そこにいる人達の〝いま〟のマインドに対してワークを行っていきます。だから毎回即興でその人に合わせた内容を創っていくスタイルになっています。グループで行いますが、私の場合は、マンツーマントレーニングと限りなく近い感覚で、目の前のマインドに直にアプローチしていきます。

グループの場合、5人いたら5人の空間というのがあって、一人入れ替わるだけで全く別の空間になります。人間が呼吸をするように、空気を吸ったり吐いたりするように、「インプット」と「アウトプット」を繰り返すことでその空気は動いていく。それがマインド空間を変えるということでもあります。

I：一人ひとり違うし、その一人ひとりが集まれば、また違う次元がそこに表れることで、空間も大きく変わるんですね。だからこういう時にこういうことをしましょうという一般論にはならないんですね。その時集まった人達と、その人達の状態とを見て、そこで即興でこうしましょうみたいなことになるんですね。

K：そうです。だから頭で考えてなかなか使い慣れた思考回路をオフにできない人が出たり、心をサビつかせてしまったりで動かない人が出たりするから、次はこれをやろうとか、瞬時に反応しながらやっていく、まさにライブパフォーマンスですね。

基本的には階層に応じて負荷を上げていくということを段階的にやっていきます。最初はウォーミングアップする感じで心を軽くし、鍛えたい部位に働きかけるワークを行っていくことで、自らのマインドの、もっと言えば無意識の潜在意識の扱い方をマスターしていくんです。

I：それは凄いですね。自覚できていないところを鍛えていくというのは、かなりの指導力を要しますね。通常であればそのための理論を教えて、あとは実践できるかどうかですね。でも無意識を鍛えるワークができれば、9割の無意識にアプローチを施されれば自ずと行動は目に見えて変われますね。

K：「参加するだけで変われる」、そこを目指しています。私がそれに拘《こだわ》るのは、そうでなければ人はなかなか変わろうとしないからです。頭では変わりたいと思いながらも、9割はその必要に迫られてなければ現状から抜け出たりしない、それが人間の性だからです。

だからこそ「あれ、何これ？」「気づいたら変わっていた……」が重要なんです。だから受講された方が初日で「今日は何をしたかわからない、でも体感的には上がってます。明らかに気持ちが違う」、というのを目指すんです。10年も長くやっていると、だんだんとそれが当たり前になっていく。変化したい、変化したくない、どちらであっても変化してしまうのが当たり前になっていく。

例えば一般的なリーダーシップの研修があるとすれば、理想のリーダー像の概要を学習するといった頭で理解できるところまでです。けれどその先の実践に移す段階、「それでは実際にやってみましょう」ということになって初めて、「どうやって？」となる。だから私の塾では初めから実践です。目的は行動を変えること、人生を変えることなので。

９割のマインドの働きは潜在意識です。その扱い方をマスターしてもらうことなんです。そのためのワークショップ。だからこそワークを通して、「さあ相手に入り込んでみましょう」って言って始めます。ここからがトレーニングの醍醐味です。まずは自分のブロックとの闘いです。自分を守っている保身の壁です。普段は無自覚なその心の壁を自覚することでメンタルブロックは自ずと外れていくワークなんです。これもまた外そうとしても外れないんです。人間は何かしようとするとどうしても自意識過剰になって、自分のことを守り始めるんです。ワークで、そこからジャンプしてくださいって言うと、飛び込まない人が出てきたり、自分勝手な飛び込み方をして、素直になれない自分を入れてしまう、無色透明な自分になれず痛みを味わう。

痛みを知る、というのは本当の自分を知ること、つまり失敗をするのが人間である、転ぶけれどそこから摑む何か、これが尊いものであるということを体得する、という稽古をするんです。

シンプルに言えば転ぶ練習をするんですよ。転ぶことをカッコ悪いと思ってる人は、ホントのカッコ良さにはたどり着けないし、転び方がカッコ良い人、立ち上がり方がカッコ良い人になってほしい。

スポーツで言えば、サッカー選手で転ばない選手はいないわけですが、プロはその時の立ち上がり方というか、走り込み方がカッコ良いわけです。

そういう美学を創っていく。こうして人生における走り込み方とか、さっき言った壁を突き破る練習をしていくんです。

ただ、ワークの段階、紙の上ですらもそれができないということもあり得るわけです。そのことの参考になるかわからないですけど、最近、一番みんなを悩ましたワークがあって、「空の色は何色か」というものです。

それは「今日の空は何色ですか?」という問いかけから始まります。いろいろな答えが返ってきますが、そこでさらに「その空の色について感じていることは?」……と深掘りしていきます。問いかけは3ページ、4ページと続きます。

何も感じられない人、自分の空を内側に生み出せていない（イメージできてない）人は、その質問でいっぱいいっぱいになってしまいます。

続いてそのワークの第2段階のステップに入り、「自分が空の色だと思ってる概念の色の白は、何色なの? その色は何色なの?」って問われると、「え!? 何を聞かれているの」という具合に、ちょっと困惑したり、そこで色々グチャグチャ考えて、すぐに課題に取り組めないんです。素直に課題に取り組めばいいと知っていても、「考えるな！ 感じろ‼」と毎回言われているうちの塾生ですら、やっぱり考えちゃうんです。

自分が答えられないと思うんですよね。答えは目の前に広がる空に在るのに、なぜ自分に籠《こも》って答えようとするのか。答えを自分の中で考えようとするんです。「空の色って適当に白って書いちゃったけど、今日の空の色は何色ですかって言われても……、さっき白色書いちゃったしなぁ……白かぁ。でも白ってなんだろう」って、さらにまた考えるんです。

そこを突き詰めていくと、空の白について語っている自分が実はよくわかってない、白を感じられていないと認識し始めるんですが、その認識により何か自分の変な心を白に投影しちゃている、ということに気づき始めます。勝手に自分のマインドを空に投影している。これは空の概念自体を自分という意識で歪めるということになるわけです。白と答えた白に対して、全然違う答えを始めてるということです。自分にも空にもフォーカシングができないってことになるのです。

自分都合の見方で空と向き合っているから、空を真っ直ぐに感じられないから、空に入り込めないんですよね。そうなってくると、私には全部が見えてくるんです。その人の〝いま〟もこれまでやってきた「過去」も、潜在的な「未来」までも。

結局、改めてその白はどんな色なのか、と問われた時は、その時の自分全てで率直に在りのまま向き合い、その自分、その感覚で答えたらいいんです。そうすることで、何かしら感覚的な景色が浮かび上がってくるんです。
その瞬間「それって楽しそう!!」と言えるのは、それが体感できているからです。そこに概念とか、自分とか、どうでもいいんですよ、本来。
それまでの在り方が人それぞれで、こういった階層をいっぺんに駆け上るのは難しい、そこでｓｔｅｐを創ったんですが、ｓｔｅｐを素直にやることさえも、その意味さえもわからない場合が想定外に多かったのも事実です。

I：だからこそ苦しい伝説のワークに変わったんですね。

K：こういうワークを実践したんですが、そのワークに参加できなかった人に向かって、そこで起きたことを塾生の一人が次のように的確に伝えていたんです。
「あのワークで先生が意図してたのはこういうことなんじゃないか」と話していて、「僕も全然できてないですよ。ただ、先生が僕らに教えてくれたのは、結局その……空という本当に非の打ちどころのない、完璧な世界があるけれど、人間というのはどこかで澱んでいる何かを持っていて、その自分を何となく投影して無自覚な意識で曇り空にしてしまったりする。自分で世界を穢《けが》して、そういう風に世界を色眼鏡で見てしまっている。だから今の人生上手くいってないとか、自分について、あーだ、こーだ言っていたいんです。ワークをして、自分でそういったマイナスを自ら生み出しているということに気づく。その時、生まれて初めて真っさらな気持ちで、空を見る。先生の言う『空の青の青さ』に触れた時、だから涙が溢れた人もいて……。でも、今まで空の見方も忘れていて、青い空を見ても感動できてなかったのだと思い返し、何を見てきたんだろうと思う。そうやって空と自分について感じるという在り方を伝授される。それは、人と人の関係にも起きるし、今自分がやってる仕事に対しても起きてくる。先生はそういう在り方をマスターしてほしいと……。そういうスケールのワークだったから、講座が終わった今でも、その気づきが後から後から自分に、日常に繋がってくる。すごい深く浸透してくるんですよ。でも、それは自分がワークしていた時はわからないんです。潜在意識に効くワークだから」

I：これこそ「わからないことがわかった」、つまり無自覚の悪、心の澱み、サビとかに気づいた、ということでしょうか。

K：自覚できて「あーそういうことか!?」という覚醒です。次なる覚悟は自分の意志。自らの意志があれば覚悟は自ずと入るんです。できないじゃなくて、やらないだけなんだと。ハッとするほど鮮明になる。自分は無力でなく、臆病なだけなんだと。そうやって自らを受け止め、戒められ、鼓舞されることで美意識が生まれる。全ては自然に。自然なものは美しい。在るがままの本質です。それ以上、それ以下でもなく「それがいい」の世界です。

I：さっきの素直みたいな話ですね。素直が大事……

空の青を美しいとただただ感じるということが大事

K：そうそうそう。純粋さ、純潔さ、潔さとか、そして、そこに入り込むことのできる勇気。何かに拘ってる自分を投影させたままではいけない。まっさらなものが入ってきた時に、自分の澱んだ感情が、一掃されることを怖がってたりとか、何か今日は気分が良くないから後回しにしようとか、つまり自分に拘っちゃう。

その自意識の過剰さを捨てて、空の青を美しいとただただ感じるということが大事だということにやっぱり気づいて貰うことが大切なんです。

「在りのまま」崇高な自然に憧れを抱くこと、感じること、その人生において最も大切なことに、細胞レベルではとうに気づいています。つまり人間は潜在的な気づきはすでに持っている。言葉にすれば、無意識なので気づいていないということになるのですが、気づいていないということは、この先、未来、気づく可能性としてあるということになります。すみません、わかりづらいですか。

I：いえ、わかるというか共感しています。腑に落ちています。

K：「在りのまま」に生きられずに、生きづらさを感じている人があまりに多くて酸欠になりそうなほど。でもそこに慣れて苦しさに無頓着にすらなって、自分の苦しみに気づけない人、それを放置する人は他人の痛みにも鈍感になってしまう。そんな人間が増え続けたら社会はとんでもないことになってしまう。だからマインドを引き上げて、勇気をもって自らの救世主となるんです。

そのワークは結構、みんな苦しんだんです。ちゃんと向き合ったからこそもがいたわけで、頭で考えちゃったら絶対に書けないワークなんです。

「空は何色ですか?」というのは、空を見ずに答えることができます。概念で。空は白か青か、曇りだなと、今までに得た思考レベル、知識さえあれば答えられる。そこがまず第一段階です。この第一段階は、今はとても大事だと思います。

今回パンデミックになったことで、私の塾ではこれまで多くは伝えてこなかった知識の活用について、第一段階の大事さについて、あえて取り上げました。

まずはオンライン化した時、相手に与える感じの良さって改めて大事だということ、困った時に助けて欲しいと率直に言えるかどうか、またその時自分ならどうするかということを、その後の社会がどうなっていくのか、そこで何が重要か、と観点を替えて、第一段階の意義について、問いかけていったんです。

そこで、やはり知性と感性のコラボレーションが、今まさに必要なのだということを改めて認識してもらいました。

まずは何が違うかを知るために、基準となるいわゆる正しさ、正義を貫くための土台、軸となる知識が大事なんです。知らないでは済まされない。私がミュージカルの世界に足を踏み入れた瞬間、ピシャッとやられたあの感じ。そのオーディションがどれ程のものなのかの基準がないと何も始まらないんです。

それと同じで、「空の色は何色ですか?」と問われた時に、「わかりません」と言う人は論外なんですよね。「空って何? そんなの見たことないんだけど」と知ろうとしないということは何も感じられないということ。

I：知識がない、だけでは終わらない。感じられないを通り越して、感じ悪いですよね。悪気がないでは収まらない不具合です。何か故障とか、障害といった感じです。

K：たいがい、空の色は、白か水色に塗ります。そんな中で真っ黒に塗る人がいる。違う何かを見ているということで。まさに闇です。多かれ少なかれ誰しもが何かを投影して世界を、人生を捉えているんです。

そこで内側での対話が始まります。それぞれの人に応じて、その人が潜在的に持っている力を、無意識のうちに顕在化させます。

すると、やがて空の色について一晩でも延々と語れる人間になっていきます。

こうなると日常の中で起きていることも全部、自分のマインドにフォーカスしながら自分のマインドを使って、世界を在りのままに映し出せるようになります。純粋なもの、美しい空、自然そのものをそのまま自分の中に見出せるようになります。

I：自分自身に、向き合い続けるわけですね。先ほどお聞きしていたことですが、何枚も書き続けるというと、とてもハードですね。

K：とても自然に自分との対話が始まります。このワークの作業量は、一晩かかります。A4の紙一枚に収まる話じゃないんですよ。それを時間制限をつけて、できる限り何でもいいので書いてくださいと言っているんですけど、難しいんです。

書いてもつまらないことを書いてしまうからとか、多分これは正解、答えじゃないんだろうなと思うとか、戸惑ってしまう。それでこれをやってワクワクした人って聞いたら、もうほぼ手を上げる人はいないんです。その状態でさらに思い悩む人は、何で自分はできないんだろうとまた考え始めるという連鎖に繋がるんです。

大事なことは、自分のマインドにフォーカシングするということと同時に、空を空としてフォーカシングできるということ、青でも何万通りの青があるんだっていう感じ方、視点と視座を変えてみる、ということなんです。

先ほどの彼はこんなことも話してくれました。

「自分が書けないという時は、『何を意図するの？』ということばかり考え、この問題の狙いは何なのかとか、どうでもいいことに惑わされていた気がする。先生が望んでおられるのは凄いシンプルな話で、それは、空を実際に在りのままに見るかどうかを試されてる。

色彩感覚を試されてるわけでもないのに、何となく自分はこういう人文分野には疎いとか、だから書けないんじゃないかとか思ってたんです。そういうことを求められているわけではないのに、何かやっぱり邪念があるというか、上手く書かなくてはとか、正解を書かなくてはとか、みんなどうやって書いてるんだろうとか、そういうことに凄い時間を使っちゃいました」

一番大事なところは、空の青の「青」というのは、全部自分だということに気づいて貫いたということなんですよね。自分を失くせと言っているのではないんです。空の青の「青」のところまで入っていく、空の中に入り込めるか、同時に空を120％取り入れられるか、インストールできるかという、要は純粋性の中の勇気の問題なんです。

「それでそこに感動はありましたか？」

例えば、光とは何か、という質問があったとします。ここで科学者とか知識がある人って、色々考えて理屈ばっかり論じるとする。光とは何とかである、温度は何度で、窒素が酸素がどうとかそういう難しい話を並べて頁数を埋めることはできると思うんですけど、「それでそこに感動はありましたか？」と聞くと、「感動なんていらないよ、論文なんだから」となるんです。でも、人間はそんな物理的な知識の話だけでは心は動かされません。春の庭に穏やかに降り注ぐ光とか、夏の昼に差す強いコントラストを生み出す光とか、輝くように煌《きら》めく夕日とか、ステンドグラスを通して差してくる崇高な光とか、こういった光もまた、現実的に存在します。

知識だけでは、多分、社会を動かす、未来を動かすということには繋がらないんです。ただ、知ったということだけなんです。でも、知ってる人の強さっていうのは確かにあり、やっぱりそういう階層とも上手くコラボレーションすることは必要です。大胆に繊細に進まなくてはというタイミングにおいては、このコラボが必要です。コラボにより問題解決までの進展を早い段階で、色々な方法で届けられるシステムが創れるんじゃないかと思うんですね。でもそのことと一人ひとりのマインドの問題はもちろん違います。

【再び、仕事】

最後の最後の瞬間まで、一緒に船を漕いでくれる人

知性と感情について、さらにお話しします。

「いい気分の時、いいお客さんの時だけちゃんと対応しています」「上司が感じ良くしてくれた時だけは楽しく仕事してるけど、嫌な言葉をかけられた瞬間にもう不貞腐れる」。こんな感情と情動の世界に生きていると、一見、自分都合で生きているようですが、実は自分以外の何かに振り回されます。まずは環境です。物理次元に生きていればその不自由さを味わい続けます。それはマインド次元でも同じことで、真面目さは時として武器にならないとお伝えした通り、自ら何かしようと能動的ではなく、相手次第、状況次第の受け身で待ってるだけだからです。そこには全てを受け入れていく覚悟も義務もありません。そして嫌なものは受け流し、

強いものには阿《おもね》り、抵抗することさえ億劫になり流されていく。

それを「でも、ちょっと待てよ」というところで、理路を整理し(思考の領域)、マインド次元をさらにもう一つ引き上げ、感性の領域まで引き上げていくと、そこから抜け出すことができるんです。

どこかで手を抜いたり、サボる方法ばかり上手い人とか、感情の領域に引き下げたところで、屁理屈ばっかり捏《こ》ねて動かないことを肯定しようとする人が実に多い。この先ますますテクノロジーが進化していけば、やがて人間はそれに従うことを余儀なくされる。コンピューターには感情がないので、きちっとシステマチックに世界が整ったその先で、人間の感情による自分都合、自分本位で生きてる人は、システムの世界から取り残されていくんです。それが、もう見えてきてるわけです。

実際に言われた通りに動いていれば当然つべこべ言わない。その分淡々と実行する。例えば電話を取る、営業先に出向き挨拶をする、などすべきことだけ表面上で仕事をしてきた人も、何かの不都合が起きると「やってられるか」と感情的になったり、「もう辞めちゃおうかな」となって次の職場を探すでしょうが、このような衝動的な行動は全く感情的で、未来と繋がってはいかない。それは自分自身を無自覚に失っているということ。自分が自分でなくなっていく。アイデンティティの喪失です。今の自粛期間中にリモートワークを余儀なくされ、生まれたのはひとりの時間です。何かしていた時には気づかなかった「何か」が浮き彫りになって、大切な「何か」に気づいた人も、いらない「何か」に気づいた人もいたはず。

そんな中で、「何か色んなこと考えちゃったんですよね……やっている意味がわからなくなってしまって」、それで「あの会社に戻りたくないなと思ってるんですよ」というのは、独りよがりな自分だけの感情に自らがのみ込まれてしまっているんじゃないでしょうか。全然、人として魅力的じゃない。でも、視点を引き上げてそんな自分をちゃんと見てみると「この大変な時に〝いま〟ここで何かできることはないだろうか」と何かを生み出す側に移行していくもう一人の自分を受けとめてあげることもできるのです。何をしたいのか、困らせたいのか、力になりたいのか、輝きたいのか、澱みたいのか、何だって選べる。たとえ転職を選んだとしても、〝いま〟の自分を否定してしまっている人間を、新しい会社の人達もそれを聞いた時点で同志として採用したいとは思わない。

こういう時期だからこそ、会社がこの先どうなっていくのかということを、一人の担い手として受けとめられるような人材を、どの会社もより一層欲していくのだと思います。

仕事がこれまでのように溢れていた時は、人手不足な状況が続いていました。けれどこれからは人員削減しないといけないとか、色んな問題が出てきた時に、真っ先に切られてしまう人材となるかは、実は能力云々、過去のキャリアなんかで決まるわけじゃない。仕事というのは、やったという結果だけで認められる、ということじゃない。その人ができてもできなくても、その会社の力になりたい、何かしたい人間かどうか。特に中小企業であれば、そういう人を社長は大切にするし、頼りにする。

仕事ができるかできないかだけではなく、やっぱり未来に対して共有できる何かを見続けてくれる、その先を信じてくれる、一緒に挑んでくれる。そんな人間をファミリーというか、自分の最後の最後の瞬間まで、一緒に船を漕いでくれる人を求めているような気がします。

I：初めに話された、会社を四角い箱だと思う人でも、特に今の状況下で、自らの在り方を180度転換させることができれば会社の有力な人材になっていくということですね。

好かれたいとか嫌われたくないというところから、早く抜け出てほしい

能力という点から見ると、潜在能力を入れ込んだ視点で捉えていく。今できてるかできてないかではなくて、その会社のためにどうしたいかを、ちゃんと伝えていったらいい。会社もそれを待っている。社員一人ひとりが会社を一つの人格として受け止めていくことで、互いに伝え合っていく世界が重要なんじゃないかなと感じています。それが、先ほどお伝えした何かするつもりで会社に来ている人と、何もするつもりがない人との違いを生みます。

これは、できる、できないという概念だけでは測れないんですよ。潜在的なところを見て、今やれていないけど、今現実はこうだけど、でもこの人はこっちに向かってるんだ、これを掴もうとしているんだということが見えていれば評価する。そこに潜在的な何かを見極めていくマインドは必要不可欠なんです。評価される側においてもちゃんと毎日表現してるかというと、みんなしてないんです。

だから、うちの生徒が向き合っている「シックスマンス」という課題のマンスリーワークは、

毎日、例えば一つの課題に対して、例えば今日、何に貢献できたかとか、何がどう役に立てたかというところの観点で書いて、何も出てこない日はアンダーバーを引き、毎日自分と向き合うことを習慣に落とし込むことが重要で、できるかどうかではなく、どうしたいか、どう在りたいかにフォーカスを向けていきます。自分を責めなくてよいという在り方で、潜在的な肯定感を創り出していきます。自分と向き合ってるんだけど、やろうとしたんだけど、全然できなかったという日はマイナスで、自分と向き合うことを忘れちゃったという日は、これはもうけしからんという話になるから、「空欄という日はない」と追い込む。

時間というのは誰にとっても平等。やってないことと向き合わないことは、時間がないわけではなくて、そこに自分にその気持ちがない。だから「何にも貢献できてないこと自体に気づきすらしない」に、気づくことから始めていくんです。できないんじゃなくて、やれないんじゃなくて、やるつもりがない。向き合っていないから、自分に関心がないから人にも仕事にも無関心。それではどんどん空虚になっていく。何だっていいんです。

人間はいつからだって、何からだって、本当に小さなことでも、会社のゴミを一つ拾っただけでも、会社に貢献はしているわけで、それが塵も積もれば山となる、ゴミを拾ったことで意識改革に繋がるわけです。1日一個ゴミを拾うというだけ、ただそれのことがいかほどのことなのか、ぜひ体験してほしい。それよってマインドの次元が変わり始めるんです。

I：貢献できることを探し始めるのですね、自分で。どうしたら貢献できるんだろうと。

K：一個のゴミでテンションが上がる人は、もっと大きい誰も拾えないようなゴミを拾おうとか、全部の部屋を自らやろうとか、そうやって次元を感動が生まれるレベルまでどんどん上げていくんです。それを、上司からやれ、と言われたから、となると、何で僕がゴミ拾わないといけないんだとか、いちいち理屈が必要になって、凄くダサい人間になっていくと思うんです。やっぱり誰も見てないところでゴミを拾ってる人って、おぉ〜って思いますよね。単純に気持ちがいい。見かけた人も嬉しくなります。これって凄いことだと思うんです。その人自体は別に良い人になりたいと思ってもないのに、その人を見た人が多分無意識に良い人になろう、自分もそう在りたいと思う。一瞬だろうが影響される。それは徳を積む、と昔から言いますが、希少性の高い愛の砂みたいな超微粒子。目に見えると言えば見えるけれど、石を積み上げるモノではなく、もっと無意識の感覚的なモノです。それがうちの塾生に、日々何気ないことでいいから、その最初の「一《いち》」を今日この瞬間からやってみる。その日々の体感こそが重要だと、ことあるごとに伝えていることです。

I：今仰っていることは、単に善を積もうという顕在意識のレベルの徳でなく、上の次元から自ずとこぼれる愛の砂のニュアンスですね。自発的改革を促す根源なのだと感じました。

K：好かれたいとか嫌われたくないという次元から、早く多くの人が抜け出てほしいと思っています。結局、感情レベルを超えた人が好かれるし、その人間の言うことに耳を傾けたいと人は思うものです。立場という点から見れば、今は上司より部下の方が強いくらいです。パワハラという言葉が生まれた時点で、部下である人の立場は守られていく、つまりは弱くないと思っていいのです。

I：勇気を出していく環境は整いつつあると。立場は平等だと。

パワーハラスメントについて

K：パワーハラスメントについてですが、そのパワーバランスに鈍感です。前にも述べましたが、パワハラ被害を自分の問題だけだとして受け止めて発言していると、多くのことに無自覚になります。場合によっては自分は被害者だと思ったけど、告発した相手に対して、加害者にもなるということなんです。加害者になろうとしてるけど、それでいいのかということなんです。もっと言えば、そうすることで何を得るのか、失うのか、ということです。その上で本当にそれがしたいことなのか、自分の心根と向き合っていくと、「自分は被害者だと思ってた」とまるで何か言い訳のように聞こえてくる。確かにそうなんです。でもそういう風に自己正当化する、ってどうなのかということです。

やられたからやり返すということで、そのための告発では何も生まれない。相手がいなくなって、何かが、世界が変わるならばいい。でも何となく、「どう？」と聞くと、自分のせいでそうなったっていうのは居心地は悪い。そういうことならば、相手に反省してもらえばいいだけの話。反省してほしいと伝えてみたらという話です。

「自分はどうもここがやりづらい、あなたはどうですか？」と、早い段階で互いにもっと伝えあっていれば、そういう環境があったら、というケースはあまりに多い。上司も会社も全部がダメなわけじゃないでしょ？　ということです。


パワハラの事案が頻繁に起こっている会社は構造的にもマイナス、ネガティブな環境ですよね。臭いモノに蓋をするという悪態から出来上がった構造です。蓋どころか廃棄物として処理しかねない。しかしこのネガティブな構造が今の社会基準になっていこうとしている。そこでやりづらくて蓋をしてる会社が非常に多いのも事実です。

部下から告発が上がってくること自体に疲弊してしまっている。救ってあげられないという無力感さえ生まれる。

こんなネガティブな構造に則って企業戦士になれ、勇ましくなれというのも、それは酷な話なんですよ。そういう構造を造り出したのも、それに縛られて苦しんでいるのもまた人間です。しかし、一方でマインドのシステム、自分自身のマインドの空間を整えていくことは人間にしかできない、創り出せないことなんです。

その上司が別人になっているんです！

私の塾生の話をしましょう。

その方は正社員1年目でまさに上司のパワハラに悩んでいました。トレーニングを受け、自分の〝いま〟置かれている立場を、何より自分自身のマインドで見つめ直しました。すると、その上司の下でただひたすらに自分が思い込んだ「こう在るべき自分」で頑張っていたことに気づきました。全てに疑いを持って睨みつけている。意固地に心を閉ざしている自分が見えたのです。

「えっ、自分何してるんだろう……」という観念に立ち返ったのです。この状況で今後どうしていくか、このまま背を向け続けるのか、逃げ出すのか、この苦しみを伝えるのか、告発をすることだってできる。転職を選ぶことも難しいことではない。そこで「どうしたいですか？ あなたには選択肢がある。そのどれを選ぶこともできる。あなたは決して弱い立場にいるわけじゃない」と伝えた時、その方の在り方は変わりました。行動がガラリと変わり始めました。

9割の潜在意識に働きかけるこのトレーニングにおいて、心の視点が引き上がると、誰もが「周りの人が優しくなる」と言うのです。それは自らがマインドレベルで人に優しくなるからです。因果応報と言いますか、自分がしていることが全てなんです。

この塾生は逡巡して「私は何をしていたんだ。自分本位だった。接してくれたみんなは優しかったのに」と振り返り、「変わりたい？ 変わったら何がどうなる？ 変わるつもりがあったのか?」と聞くと、「そうです。その人が嫌だった。目障りだった。鬱陶しかった……だから抵抗していたのかも」と自分を責めながらも、心の奥で何かが引っ掛かっている。そこで「あなたにできることはいろいろある。物理的に居場所を変えること、その人と決別すること、弱さを武器にすることも、泣き言を言い続けることもできる。けれど赦すことだってあなたにはできる。これまでの自分、〝いま〟の、そしてこの先の自分を俯瞰して、あなたが一番かっこいいと思える選択をしたらいい、全てあなた次第なのだ」と伝えると、表情に力が出てきて「赦《ゆる》したい、でもできるか? いやもうそれ以外ない。やってみます」と答えました。

次に会った時には「その上司が別人になっているんです! すごいフォローで仕事がスムーズ。嘘みたいです」と空気が違い、輝いていました。他のみんなも、職場が笑顔で溢れていて、「何だか凄く嬉しい」と、涙ぐんでいましたね。

「苦しかった時には涙など出なかったのに、今、心が躍っています!」。私は「あなたが変えたんですよ。マインドポジションの次元で世界が変わる。人間空気清浄機になれてるってことです」と答えました。

涙が溢れて「力になりたいって、ずっと思っていたんです……なのに自分は全然できなくって、何をしてもダメでいつも叱られて……。でもそれでも力になれたらいいなぁと……。自分が認めてもらいたかっただけだったんです」。利己から生まれる利他、その次元までマインドポジションを引き上げることで、初めて自分以外の誰かとの真のコラボレーションが生まれる。それが仕事の醍醐味です。

「あの人がいない方がいい、あの人とは会いたくない、一緒にいたくないって思っていた。テレワークで一人になって寂しかったこともあり、何も力になれないだけじゃなく、気持ちもわかって貰えなくて、足まで引っ張られて悔しかった。それでも毎日顔を突き合わせても全く見えてこなかった有難味《ありがたみ》が、今凄く感じられる。自分の地図次第で、視点が低い時は、聞きたくない、言われたくないと上司の顔を窺って、相手次第でおどおどしていて、相手ばかり見て、そのくせ相手が何を欲しているか、何をして欲しがっているか、なんて観点は、さらさらなかったんです。視点を引き下げ、自分のことしか見ないように、自分を守ってばかりで、何もしない自分。逃げてばかりいて、誰かに期待ばかりしていた。自分に期待をかけてくれている人の気持ちもはねのけて、重しを、プレッシャーをかけてくるって反抗していたんですね。『潜在的な力』を忘れてました。自分はそれを創り出す人になればいいんですね」と話していました。

潜在的な力を稼働させれば、それは空間を動かすことになる。マインド空間を触れる人になればいいんです。物理次元の結果ばかりを追求する時代は間もなく終わる。何かすること、何もしないこと、ではなく、何を感じられるか、目に見えない潜在的な価値を創り出せる人間が、この先大いに期待されるはず。結局、物質的なモノも人もその空間で無意識に動かされていきます。

数カ月後、彼はこんな報告をしてくれました。

「実はボーナスが出たんです。初ボーナスです。正社員になって、まだ1年たっていないのにです。新人賞を貰ったんです。その時、『ありがとうございます』と挨拶をしたら、『それを言うのはこちら側で、だから君にこの賞を渡したんだ』と言われました。いやぁ、僕は何もしてないんです。本当に何かしようとしていないということが、これが無意識にやっているということですね（笑）。だからいまは仕事が楽しい。誰かの力になりたいと心から思えているんです」

この塾生に限らず、今がまさに、潜在意識が塗り替わるタイミングなんです。〝いま〟自分という人間がしたいこと、誰かという他人に対して何ができるか、そのことで、それを思うことで幸せな気持ちになれているということ、それが誰かの勇気になっていく、そこに愛とか、希望とか高い次元の力がすでに生まれているんです。それこそが人間の潜在能力で、それを発揮して勇ましく生きるリーダーにすでになっているんです。

私のもとを訪れる人には、壁に怯《おび》える人間でいてほしくないと思うんです。その時に、その相手を許せるぐらいのマインドに成長して、一度やった過ちに対して、例え二度目があったとして、そこに立ち向かっていける精神を創っていくこと。そのように生きていけば、周囲の人々も立ち上がってくれます。何かするために人間は生まれてきたのだから。

一回やったら二度目があることをみんな見ています。みんなも怖いんです。だからその人が、立ち向かってる姿を見ていると、何かしら動く人間が出てくると思うんです。弱者を守る構造を人間の高次のマインドが生み出していくイメージです。

それこそが人間のためのシステムです。マインドシステムです。人間はどうしても上手くいかないと、低次にマインドに引き下げて、できない、やれないと無能感に苛《さいな》まれる。でも人間はまだ発揮できてない潜在能力を持っている。その力を引き出すこともせずに、やっかいなもの、障壁となるものを取り除こうとすることは、本人も、一緒に働いている人をも軽視してちっぽけなものとして扱うことに繋がる。

排除するのも、排除されるのも、結局は同じ無自覚な領域でのやり取りです。だからこそ潜在意識のマインドデザインが必要なんです。それを一人ひとりの内側に創り上げていくことです。

何であれ、いらないモノを全部ゴミ箱に捨てていく、ただそれだけでは、何の進化にもならない。みんなビクビクしちゃって、世代の違う人とはしゃべりたくないと萎縮してしまったり、どんどんケチん坊になって教えたくもないとなり、組むのも嫌だ、できない人とは関わりたくないとネガティブスパイラルにはまっていきます。それによって一番損するのは潜在的に力を発揮しようとしている人達。この先を担うはずの新人たちにとっては、これまで組織で培われてきたノウハウを教えて貰えなくなります。自分で勝手にどうぞという世界が出来上がっていく。そんなの自由なんかじゃない。知らないことは不自由さを招きます。これからを担う人をちゃんと育てられない組織に未来はないのです。根っこが大事なことぐらい、皆わかっている。根っこは人間でいえば潜在意識です。そこをちゃんと扱わなければならない。

I：もはや使い物にならない社会の仕組み、機能できていないごまかしの構造から、個人も、組織も離脱しなくてはいけないんですね。

【新しい時代】

K：クライアントにも誰にも、いつも「その人」の未来に向かってパスを出します。それはその人の見ている世界より先の場所です。私が今、あえて言葉にしていることは全てを伝えきれることではないし、変革なしにはかなわないことも含めています。今の社会というよりも、未来に在るべき社会がやってくることを願っているからです。

働き方改革はじめ、いろいろな改革の呼びかけも、既存のシステムに縛られている限り、職場を本質的に変えることはできないと思います。

マインドを高い次元に引き上げて、そこで働く人のマインドの在り方を変えていかないと、ただその言葉が独り歩きし、肝心の人間は取り残されていく。だから働く気があり、何か力になりたくたって、はみ出し者になっていく。先ほどの塾生のように無自覚に心を痛めてしまうことだってある。会社としてどういう人を優遇していくのか、どうパフォーマンスを伸ばしていきたいのかということにあまりに無頓着です。

人間の行動を変えるために、心の視点というのは重要なカギを握っています。同じ人間でも視点が低いか高いか、引き下がっているか、引き上がっているか、それだけでその行動には、雲泥の差が生まれます。そこには性格も能力も、業績も関係ないのです。状況一つ、気分一つで、自らの感情の波にのみ込まれていくのです。そういった意味で、人間ほど恐ろしい存在はないし、逆に人間ほど優れた存在はない。誰かのことを思い、共に励まし、手を差し伸べ、誰かの幸せ、成功を願うことができる、それが人間の尊さなのだと思います。一人ひとりの人間が「孤独」を味わうのは、そういった尊いものが見えなくなって何も感じられなくなった時なのです。

心の階層を引き上げていくことで、マインド空間を立体的に捉えていくことができます。私のトレーニングでは何が起きようと、どんな状況下であろうとも揺るがないマインドを持ち続けていくことのできる、高次の視点を持つというのが前提です。逆境と呼ばれる状況での生き方が根本的に問われる環境において、人間は真に飛躍できる。そういった潜在能力を引き出さずにはいられない瞬間というのは、「有無を言わさずやる」ことを決める絶好のタイミングだからです。これまで多くの企業は高学歴、優秀で、表面的に穏やかにやってくれる人が良い人材だと疑いを持たずにやってきました。もちろん平常時にはそれで何ら問題はないし、むしろ安泰。けれど、こと何かが起きた時に、本当にその人は、人の為に、組織を守るために闘えるのかというと、そういう観点では採用されてはいないんですよね。

「保身に走る」という言葉をここ近年耳にするようになりましたが、しかし今、「身を保つ」よすがとなる根本の組織そのものが変化しています。すると時代が求めることもガラリと変わっていくはずで、「その時、自分はどうするのか」、逃げるのか、立ち向かうのか。問われるのは「根っ子」、つまり潜在的な何かなのです。「何を大切にしていくのか」、それはまさに〝いま〟を生きる人類への問いなのです。そしてパンデミックのこうした状況下ゆえ、根本改革を推し進めていく、潜在的なチャンスとも言えるのです。

I：それ、久瑠さんのトレーニングがまさにそれですね。マインドシステムを内に創れば、自ずからそうなる。

K：そう、そこなんです。私にできていることを一人ひとりのシステムとしてデザインし、活用してもらう。狙いは「気づいたら変わっていく、つまり潜在意識にアプローチする」ことです。ワークショップで、その「心の素」を教えて体感トレーニングしていくことで、マインドが引き上がっていく。例外はないんです。

次にテクノロジーとのコラボ。私は、人間の知性と感性の限界の領域に挑んでいきたいと、意気込んでいます。そのために知識のデータバンクと、人間の感性、感動、感情、思考レベルの統合を担う「感」とをコラボし、「理」を創成する。

経営者も同様で、人格的な部分というのは問われて当然の話になります。あるポジションを担わせると成長できる社員と、そうじゃない社員を見抜いているかということ、そこには潜在的視点が必要不可欠なのだと思います。

厄介なのは悪意なき悪

I：昔、誰かから聞いた話ですけど、企業で昇格試験とかしますが、それって要は、自分達（経営サイドの人間）に似たような人間を探すだけの、似てない人を排除する、近い人間かどうかというのを確かめてるだけみたいな作業だという側面もあるのではと。確かに、それはありますよね。安心できる人？

K：保身に走っているわけですね。しかも無自覚だから性質が悪い。同化するための「ごまかしの術」です。塾生であれば「喝！」が入るところです。厄介なのは悪意なき悪で、ほとんど性《さが》というモノ、本能と結びついているんです。だから、治らないのではなく、治すつもりがない。こちらとしては「麻酔の業《わざ》」を使います。根治治療となれば麻酔をかけてのオペが必要。オペといっても、もちろん目に見えるものではなく、潜在意識の深い所にアプローチしメスを入れていくイメージです。だから麻酔をかけてオペをする。「ごまかしの術」で生きている人は、そもそも人間としての生き方の根本である、根性を正す必要があるのです。根性という「根」がないのなら、移植します。いらない根っこがあるのなら、それは丁寧に取り除きます。どんな状態であろうと本人が望む人生を創り出すための完璧なオペを行います。心の根っ子は非常に重要で、根腐れという言葉があるように、何かあるたびに不貞腐れるという人の多くは、それが起きているということ。マインドを高めていく時、柔軟性やブレない心を創るという意味においても、軸を支える根っ子なくしては語れません。

【自覚→覚醒→覚悟】

I：今、新型コロナ感染が継続的に続くと言われています。コロナを退治するというフェーズから、コロナと共に生きるというフェーズをマスコミなどが示唆してるんですけど、違和感も感じます。そうではなくて、コロナも、何ていうか、コロナさんがいて、コロナさんと一緒に生きるということではなく、もう一歩掘り下げて、コロナさんも含めて一つの自然なんだというところから、新しいコロナ後の世界を考えていくという方向が大事だと思うのですが、この辺りについてお伺いできますでしょうか。

K：まさに新しいベクトルを持つことは大事だと思います。人間がウイルスという概念を持っているだけであって、ましてウイルス自体が人間に悪さをしている、悪意をもって感情的に攻撃しているわけじゃないということです。意思も意図も持たない存在が顕在化したということ。

被害者意識を持つことで心の視点が引き下がるのは人間特有のもので、それ自体、無自覚な抵抗を生じさせていく。ウイルスに対する抗体・侵略対象がわかれば、逆になる。人間というのは常に自分が主体の生き物です。

要は、存在そのものとして捉えた場合に、人間の都合でどうにかなるものではない、潜在的なものの捉え方にシフトしていかなければこの事態に太刀打ちできない、そういった新たな認識を持たなくてはならないということ。

これまでの免疫学的に未知な新型ウイルスで、今までに経験がないような事態が起きている、というニュースが飛び込んでくるのですから、既成の学術分野の知見は参考にはなるが絶対ではない。顕在的に表れたものではなく、潜在的側面にフォーカスしていく必要に迫られている、と言えます。もちろん医術も、技術も、産業も研究を惜しみなく進めているのですが、全く別の視点から捉える必要もあります。

地球上の一人ひとりの人間が、改めて自らを一つ上の次元から、心の次元を上げたところから、人間というものを人類としての在り方から見つめ直すこと、そして自分はどう生きるか、その無自覚だった盲点だらけの自分とどう向き合うか、ということです。この向き合う対象はコロナウイルスを潜在的に内包した世界です。

例えば自粛を余儀なくされ、テレワークが要請され、時間的、物理的な縛りがなくなって、変に自由にならざるを得ない。流されて生きていたものが止まったり、リズムが変わったり、どこで何をするかの物理的な縛りや時間の縛りがなくなっても、心の縛りはなくなるどころか不安定になる人だっています。変化そのものに自ら対処していくということに慣れていない人が多いのです。

まずは人間の今までの知識とか、そういったモノを超えたウイルスであるということがわかってきてるだけであり、その内実や対処法が未だ確立されてない。

それじゃあ、10年先も同じかというと、それも誰もわからない。人間というのは色んなことを決めつけて、当座の安心を得ようとするけれど、〝いま〟この瞬間という感覚で「在りのまま」を見てほしい。

コロナウイルスを単に実体的、物質的な存在としてではなくて、コロナウイルスが表面化した現象を全体として、潜在的な視点から捉えていく必要があります。

Ｉ：対策についても、目に見えないもの、潜在的なものは確かに存在する、それを前提に考えていないと、対応は的が外れていくのですね。

まずは知覚、そして自覚

Ｋ：目に見えないモノも、人間の目には見えていないだけです。日の光や風とかもそうですよね？　地球上で私達人間に見えていないだけで、地球にその光が届いた瞬間に、〇〇な色という意味づけがされて、ああ、そこに光があると知覚するのです。すなわち感覚として知覚する対象を、概念として編み上げ、認識して自覚が生まれます。

これを今のウイルスの状況でいうと、人間が知覚し始めている、という段階で、まだ、自覚する……自分のこととする、というところまではいってないんです。

これはコロナウイルスだけの問題でもなくて、今までの社会の人間の在り方も同じような状況にありました。それが、今回の危機で、一気に表面化したわけです。

コロナを自覚する、自分事にする前にどんどん拡散したことは事実です。個人の自覚を待たずに世界が急に危機に陥った時、我が国にも、ただちに対応して動ける社会システムがなく、法律がどうのこうのと、色んなことをもみ合ってる間に、どんどん拡散していったんです。視点を高めて動ける人間がいなかった。そうとも言えるけれど何より「知」を活用し「感」に従えること、「知」と「感」そして「理」のコラボレーションができていないという、根本的な社会の構造に限界が生じている。そう感じずにはいられません。

次に覚醒

自覚した後には、今度は、「醒める」がきて「悟る」。

つまり、自覚→覚醒→覚悟、となる。これはマインドの法則で言う潜在意識にアクセスすることで自ずと移行するのですが、自覚の後に覚醒することが、潜在能力を発揮するには必要不可欠です。

目に見える世界だけだったら、「目の前にきて自覚が起きた時点であった」という程度でいいのですが、今回のような恐慌の渦中においては違ってきます。自覚して発奮するというか、覚醒していかなければならない。そこで、その覚醒が入って、自覚が確固としたものになる。

ハッとする、ビビビとくる。気づくことのもう一つ上が起きるという感覚。そしてさらにもう一つ上がって覚悟が入る。覚悟の覚は、感覚の覚です。要は頭でわかるのではなく心で感じること、それが悟りへの入り口でもあるんです。

「覚悟」がキーワードになっている

I：覚悟。あっ、そうか。自ら覚って覚醒して覚悟ができるんですね。コロナとの付き合い方を見ると、コロナを発見する、コロナを単純に排除する、今はそのフェーズだと思うんですけども、今後はコロナが存在する世界に生きていくという、そういう次元で変化を余儀なくされるという気がしています。

Ｋ：前にも述べましたが、私が覚悟は入っちゃうものなんだと伝えているのは、「覚悟が決まらなくて」という言葉を耳にしますが、「覚悟」というのはできる、できないという類のモノではないんです。自分ごときの意志で何とかできるものではなく、心の視点を地球次元に引き上げていけば誰でも入ってしまう。それが使命感という感覚でもあるんです。

選ぶ、選ばないではなく、人間は選ばれたんです。人間はもうその次元において、動かされ、生かされてしまっている、という生命の起源に起因するものなんです。だから命懸け、自分全てで本気で挑む、そこで潜在能力が引き出されるんです。もう自分ではどうにもできない境線ぎりぎりのところまでマインドの次元を引き上げるんです。

その回路が繋がっている人と、そうでない人がいるのは明らかなのですが、それを繋ごうとする人があまりに少なくて、まだ多くの人は繋がること、繋げることに意義を感じてない。まだ知覚⇔感覚の段階で、自覚する手前で逃げたり、放置したりする人の方が圧倒的に多い。

自覚↓覚醒の段階でもう動き出す。変化を拒むという本能、ただ単に生きているという人生から、よりよく生きるという在り方に向けて意識を高い次元に引き上げ、その自分を超えていくことで覚悟というのは自ずと入る。覚悟が決まった在り方となる。

自らの道を切り開き、自らの潜在的な可能性を引き出して「人間」としての在り方を一段高めていく。一人ひとりが自らの生き方を極めて、人生を思うがままに創ることは、まさに一人ひとりの生き様・在り様であり、この「覚悟」がキーワードになっていると感じています。

間違っているではなく、無自覚な悪。

I：その覚悟が入らずに生きるということは、何が起きてもボーっとしているか、どうにでもなれ、なるようになるといった、どこか他人事の在り方を生み出してしまいますね。知覚も自覚も曖昧でどんどん鈍化していく鈍い人間が増えていきますね。そういった点に対して感じてらっしゃることを教えてください。

K：目の前に起きていることに戸惑ったり、うろたえたり、受け止められずに見なかったこと、なかったことにしたり、聞きたくないことは後回し、つまり自分都合で情報を処理しようとする人がいます。視点を下げてしまえば、人間は何も感じられずに、感じようとせず受け流そうとする。そんな人が増えた社会がある。

最初にも述べましたが、私は大きなズレに何よりストレスを感じました。多くの人は事態を直視していない。「事態が起きてから考える」という一般的な考えとのリズムのズレです。起きたらもう受け入れるしかないんです。すでに手遅れの状態で何をするかはリカバリーの段階なんです。そこで考えていても仕方ないんです。

そして起きたことは、我が国のみならず、世界中どこでも起こりうることで同じ地球人として運命共同体なわけです。今やニュースは秒速で入ってくるわけで、その情報を処理しきれない人間たちが自分都合で解釈をし、自分事として受け止めないというそのことこそが大問題なのです。どこか他人事として受け流す、この悪しき習性。すでに自分に影響が及んでいてもなお変わらずです。

人間はそれが命にかかわることであっても放置できてしまうんです。そこに「無自覚」という怖さがあるのです。これこそが潜在的な人類の敵なのです。ウイルスはきっかけでしかない。そこに気づくタイミングなんです。１０００年前から変わってないんです。

誰が悪い、何が間違っているではなく、無自覚な悪なんです。だからこそ潜在意識という領域を除いていては、事態を解くことはできないんです。

コロナについても「何で、起きてもいないことを気にしてるんだ」「私の周りに罹っている人はいないし、ピンとこない」、そう言っている人がいること自体が危機なんです。その発想がおかしい。起きていない、見えていないと言ったって、相手はウイルスなんです。目には見えないんですよ、もともと。顕微鏡で見たって何だかわからず、学者がようやく判断できるレベルだから、素人が見たところで意味もないし、なおさらイメージすることでしか対応できない。そもそも自分が感じようとしていないだけ。

I：感じようとしない、無自覚なまま何もしようとしない。

自分事として受け止めない。自分は大丈夫と思ってる人も多く、「僕は健康なんでマスクとか大丈夫です」って、誰が決めたんだって。ウイルスさんに聞いたのかという話ですね。

まるで弱い人、うつりたくない人がマスクをすると言わんばかりに「自分は大丈夫です」というのは。

K：それはその人の知覚のレベルの話です。自分で「あっ、ウイルスが入ってきた」ってわかるくらいのセンシティブな感度の高い機能を人間は持ってないんです。間近にコロナが潜入しようとしても、人間の性能とか機能の限界値からみても、コロナに関しては知覚できない。だから自覚もできない、なすがままで鈍感なんですよ。肺がやられる手前の所までは、末期癌の状態までは気づけないということと同じなんですよね。ウイルスは簡単に侵入してくる。ウイルスの方が強いわけですよね。人間に抗体がない以上防ぎようがない、微力であろうともそのためのマスクなんです。例えとして的確でないかもしれませんが、努力しても幸せになれない。だから好き勝手やるというのにどこか似ている。

防ぎようがないという意味では、科学がいくら進歩したところで、知覚がない人は検査もしないわけです。だから、知覚がない人と暮らしていると、家で消毒しないんです。

ただウイルスが世界に増殖しているんだと想像して、イメージして、それでもその手で食べていいんですか？　その手で自分の子を撫でていいんですかという話ですよね。洗剤のCFによくあるバイ菌のああいうのが手についてるんだと思えば、手を洗ってから家に入ることは自然にできると思うんです。想像すればいいのです。ウイルスは目に見えないのだから、イメージすることでしか付き合えないんです。人間の都合では動かないということです。

マスクの表面に菌がついてると思うなら、パカパカと手でひっぱったりしてわざわざウイルスを振りまくような行為はしない。鼻からマスクをずらしたりして、息がしずらいと言って顎に下げて着けてる姿をよく見ませんか。そこに付着した菌をイメージしてみてください。首元にべったりついて、あ〜またそのべったり菌がついたマスクを改めて着けたり外したり。

物理次元にいると、こういうことは気になっちゃいます。私はNYに在住する友人がいたことで、年明けあたりからもう対策は始めていました。塾生には積極的に伝えていましたが、たまたま居合わせたホテルマンや、お世話になった美容室でも伝えていましたね。ウイルスとの接触についてのイメージを伝えて、空間に対して空気の流れをイメージして、まずは換気。窓を二カ所開けられないか。それが無理なら人工的に換気。外からの空気をいかに循環させるか。社内も個室も家というのは平米数は違えども、比率の問題、結果的に囲みをとらなければ密になります。

行く先々でも、相手がプロですかと間違えるくらいに指導していたんですよ。時に風の流れを教えたり、どこに何のリスクが生まれてるか、場所・利用の仕方で違ってくる。保健所の人ですか、って思われるくらいです。

I：多分その人たちは、あの人が言ってたことは本当だったなって思っているのでは……。

K：その後、「先日はありがとうございます。早くから対応できてここは安心できる。意識が高いね、と褒められたんです」と。私はそこをマインド空間として見ていて、その観点に立つと、初めてどこにリスクがあるかが見えてくる。その上でこのリスクを回避して営業すると、そこに価値が生まれ、価値が高まると改めて感じてました。

I：久瑠さんの感じる力は凄いですね。専門的な仕事として動いたわけではなく、ですから。感じる力がないと、物事を正しく見られないので、殺菌した方がいいとか、消毒するとか、どんなに正しいことをコロナに対して言ったとしても、何でそんなに過敏になるんだろうって思うだけで行動改革に繋がらない。それって言いました、伝えましたとやっぱり自分主体で相手主体でない、久瑠さんのそれは、社会視点、もっと言えば、国家を超えてWHO視点ですよ。そのイメージを持たせるマインド空間を創るということも《マインドの法則》で伝えられてますね。

K：こちらからすると誰も守りたい人はいないのか、と言いたい。自覚が足りない前に知覚がない。こういう状況を見ると、知識を伝えて受け入れるマインドがあるのか、ないのかが疑問になってきます。面倒なことではなく、いずれは当たり前のことになる。にもかかわらず、そうなる前には実行しない。そこにできない構造があるとするならば、それ自体が重要な課題でもある。これは組織においても個人においても同じことが言えると思います。

Ｉ：問題が目の前にくるまで、目の前を通り過ぎても動かないという人が本当に多い。「気づいたらすぐやる」というその手前で、自覚を拒むブロックがあると、今、それもまた感じました。

Ｋ：そこにはタイムラグがあってズレが生じてしまう。

Ｉ：何でって、こっちが聞きたいよってことになってしまうんですね。

Ｋ：自分が慣れていること、自分の都合でしか動かない。そこが問題です。

扉は開けることが必要なんです。音がもれる、暑い・寒いではなく。

安全を優先するのが世界基準ではなかったこともあり、扉や窓を開けるというルールを強く規制したところで、どこかで見てないところでやはり自分だけは大丈夫という甘えがあった。

家庭で窓を開けて、全ての窓が開いていたとしても、人間同士が隣り合わせでは意味がない。2ｍの距離をとることは難しいけれど、マスクをすることでかなりその空間においてのリスクは下げられます。マスクをしていてもうつされるから意味がない、というのは一方的な見方です。人にうつす危険を感じなくてはいけない。潜伏期間のことまで考えれば、自分が感染しているリスクはゼロではない。するとうつす可能性だって捨てきれない。であれば、「人と会う時はマスクはする！」がルールになる。

想像することはできないのかということです。自分の周りにはいないからといって何もしない、その考え方が、人類を崩壊に向かわせるわけです。

その時に、自分が関わっているか、いないかじゃない。「したい・したくない」「意味があるかないか」という次元ではなく、社会的次元の観点で捉えていくことが社会基準になった今、これまでの「快適」から、この先の安心をまずは創り出すことからはじめていく。それが指針になる。

この先の安心、という観点に立った対策も手遅れになっています。

何より新型コロナウィルスは目に見えない。拡散している。自覚症状がないどころか、回復した後も、再び陽性になる。今のやり方では、人の中に入り込んだウィルスを追い払うことが不可能。潜伏期間が長いということは、発症していなくても危険。さらにウィルスが非常に早く変異していくということを踏まえると、相当な代物なわけじゃないですか。

そんな相手に、今罹ってるか罹ってないか、感染者がどれくらいの人数がいるかどうかって計りようがなく、そういったことはすべて未だ経過でしかないんです。それに一喜一憂して物事を決めてる時点で遅いんです。

状況に振り回されずに、予測に基づいて動けない現状、根本から追いかけても追いつかない現状がある以上、社会の構造から変えないといけない。

そう感じた人間はいるはずなんですよ。でも必ず反対意見が出たり、ちょっと待った方がいいとか、じゃあどれくらい待つの？　そして決められない。

初期の段階ではこれまでに前例がないということで誰もが対策に確信を持てず、責任を持てない。過去の数字を頼りにして統計に基づく分析型の見解をやってる学者の人に対応を委ねてはみるけれど、事態は収まらない。

事態を変えられないのは過去を基準とするからで、変えられるのは現在ではなく未来だけなのです。

現在というのは1秒1分経てば過ぎ去った過去なんです。人間が未来を動かす唯一の方法は、未来をイマジネーションすることだけです。

その際に何らかの根拠を求めてはいけない。根拠は過去のものなのです。現状においての根拠は、全て過去のものです。ここが陥りやすいポイントなんです。明日を変えられない多くの理由は、〝いま〟は過去の必然的結果以上のものではないと、後向きに生きているからです。重要なのは、未来を信じる勇気だけです。そこに根拠は創りようがないし、むしろいらないのです。過去の根拠など持ち出す意味はないのです。それなくして未来を創り出せないというのは、創造力と勇気の欠如です。

I：心の階層を通じて、自分の置かれた状況を一つ上の視点から受け止めていくということは非常に重要な在り方なのだと改めて感じられます。

K：気づくこと自体にリスクすら感じていて、気づかぬふりでスルー。キャッチしたら何かしら応じ返さなくてはいけない。だから気づかぬフリをしてスルーしてしまう。それくらい人間は変化を拒絶するということです。《マインドの法則》でお伝えしている「ホメオスタシス（恒常性維持機能）」が本能的に働くということに起因しているんです。

I：いい人、悪い人、このいわゆるいい人が無自覚な悪をやっているということも言えますね。

K：まさに潜在意識がどうなのかという見方です。いい人だから許されるのか、何かすべきタイミングでただ気づかなかった、知らなかったでは社会も世界も良くなるどころか、ますます澱んでいく。人間の使命というのはそこに気づくこと、そして気づいたら動くこと。実行するために自分を磨くこと、潜在能力で立ち向かうことです。それを怠ったら人間ではない。そのくらいの覚悟を持って未来を動かしていく。そんなマインドを創ることが重要なんです。《マインドの法則》で心の階層を引き上げることでそれは実現できるんです。

今の時代は、絶望を感じていく時代ではなく、希望を感じていける時代なんです。「何もない」ではなく私達は自由で、自身でできることが一人ひとりにちゃんとあるのですから。

I：心の階層をもう一度、確認してください。

K：天と地があって、その下に魔界、闇、地下（29ページ）があります。それが心の階層であり、心の階層を引き上げ、マインドポジションを高次にすれば人生は豊かな成功へ向かう。自分が投げ込まれた世界とか、運という環境を見据えて、地球人というスタンスに立つと、その無自覚の悪という階層が見えてきます。そことどう向き合うのか。

私はこの仕事を始めてから、そうした光も影もひっくるめて持っているのが人間なんだと感じてきました。それこそが人生なのだということ。ただ、こういう在り方に人間は無抵抗、無力ではない、ということを多くの人の心と向き合って教えられてきた気がします。絶望ではなく、希望に満ち溢れている。だからこそ私は人間のマインド空間を変えていくことの意義がそこにはあるのだと、真にそう思うのです。

I：光も影も人間で、そういう宿命的な在り方を踏まえ、どこに向かうか、体感していかなくてはいけない。東洋思想では、理論を超える世界、潜在意識の世界があることが説かれています。しかし、その世界に触れた上で、共に生きている人たちの生き様に共振して伝えることが大事だと思います。

K：『マインドの法則』は人間が生きていく上で、自らの人生をいかに切り拓くかについて書いた本です。だから潜在意識9割を説く本になったのです。

当初、そんな抽象的で感覚的な世界を言葉にして伝えることで、これほどまでに多くの人がその潜在的な世界を求めてるということに、何より私自身が驚かされました。

本を書く以前の表現者としての私は、そうした感性で伝え合う世界観を日夜探求していましたが、そのことを一冊の本にまとめて人間の潜在意識の可能性を私なりに伝えたのです。その後、さらにこの本の表現を踏まえながら、メンタルトレーナーとして心の扱い方を直に教えていくということになりました。教えることを目指した、というよりも気づいたらこの仕事をしていた。それ自体がまさに潜在能力なんです。そして今は、私達が生きる上で必要なものだと感じるこの法則を伝え続けています。

人は、正しいと感じたことに従おうとするのですが、今の状況ではそれに従うことが難しく苦しむのだ、ということを一人ひとり訪れる人と共にその法則性を導き出しました。そして、そのための手引きとなったのが『マインドの法則』でした。

絶対に正しい物理的な回答はない

K：今のこの状況で、絶対に正しい物理的な回答はないわけです。だとするならば、やっぱりある程度予測をして動くという予測脳が必要。現状では一人ひとり、みんなの自覚を促すということでは、あまりに時間を取られ過ぎるんです。

ならば、リーダーであれば、つべこべ言ってないでとにかく、これをしてください、これをするとこうなりますよ、から始めて、試行錯誤だということを説明し、「毎日指示が替わるかもしれないけどよろしくお願いします」という感じでいいと思う。そこに信頼という高次のラポール（心的状態）があればなおよい。具体的に言えばキリがないけれど、シミュレーションしていくことでいくつものパターンが生まれ、状況に応じてその時のベターを「これでいこう」と指し示す。絶対ではなく、「ベター」を追求するイメージでしょうか。

人々は真摯と言うか、真っ直ぐな情報に対しては、凄く素直なんですよ。特に今の日本人は痛いこと、辛いことに対して敏感に避けたがるから、そこは言うことを聞くんですよ。しかし残念ながら今はネガティブな情報に封じ込められている。

民衆を動かす術が「不安感を蔓延させる」というのでは、カッコいいとは言えない。

I：未来を見ていないんですね。久瑠さんの仰った「覚醒」というキーワードについてもう少しお聞かせください。

K：人間は未来を変えたいと思っていても、今の状況では不安感に自分が脅かされない限り動かない。人間ってそういうものなんだと言われてきましたが、「覚醒」前はそのような人間像だと思います。生命そのもののことだけで考えると、生体はホメオスタシスで守られてるから、今の生命を維持するというレベルならば、生命自体では、わざわざ崩壊に向かうようなことはしない。

でも、自分が未来を動かしていこうという発想に基づいて、こうするともっと良くなるということを捉える人間は今の社会全体の力関係のなかでは凄く弱く、また数も少ない。だから創意工夫をできる人が、企業においても1割程度しかいない現状です。

不安感を煽られていているにもかかわらず、不安すら感じない鈍感な人が如何に多いかということからも現状の危機が見えてくる。それを前向きとは言わない。その無防備さは、無自覚の暴力です。無自覚な抵抗です。マスクをつけていない人間、暴動さえも起こりうる姿をメディアで見た時は驚愕しましたが、その正体はみな同類です。

I：自覚→覚醒→覚悟、という流れでしたが、パンデミックの状況を通して覚醒ということの大事さが見えてきました。また半面、人間というものの厄介さも浮き彫りになりました。最後に「覚悟」ということについて、もう一度、お聞かせ頂ければと思います。

【再び、覚悟】

使命感を持って生きる

K：「命」という言葉をめぐって改めてお伝えしていきます。

覚悟という言葉に、悟るという字が入っているとお伝えしましたが、要は使命なんです。

私達が生まれてきた使命ということ。使命というのは命を使うという、命を何のために如何に使うのか、それはマインドにかかっているということ。つまり心の在り方、高い意識を持つことで心の視点を引き上げたところの覚悟。だからあくまで形のないものですが、それは、「命をいかにして扱うのか＝マインドをどう扱うのか」……ということになります。

誰もが持っている潜在意識9割をどう扱うか。この潜在的な意識をいかに活用していけるかということ、これは一人ひとりに課された「使命」なんですよ。

私達は誰でも、大いなる地球に一人の人間として、潜在意識を備えながら生きています。両親の子としてこの時代に生まれ、そして死んでいきます。これは変えることができません。つまり運命として命を与えられているのですが、そこで問われるのは、いかに生きるかで、それは私達に「自由」として託されています。自由にどのように生きるか、これが〝いま〟問われています。

使命感を持って生きるということは、自由であることを認識し、自分の生命を全うすること。自分の全体、潜在意識を使い、より良く生きる、命をそのために使うということへと繋がっていく。使命感を持てないこと、潜在能力を使わない、使えないと言ってる人間、蹲ってる人間は、これ自体罪なんだ、大罪なんだって思うべきなんです。そして、できることがあるにも拘わらずやらない、気づいてるのにやらないのはもってのほかだということなんです。

この視点に立って、自分の前にある道を歩んでいく時に、大事なことを気づかされたら、絶対逃げちゃいけないって思うんです。そこと対峙していく。答えが今出なくても、未来を見た時に、何かできることが絶対生まれんです。

パンデミックが来る前の生き方というのは、きっと保身的でも通用したんです。現実の変化がゆるやかだったから。そのためその在り方が常識を創り出し、現状維持に必死で、変化を拒み続ける。問題はスルーする。そんな風にして本質的なものを見る目をどんどんどん鈍化させてしまった。未来のために大切なことではなく、現在、今必要なものばかりを求めてきた。問題と向き合う以前に問題として取り上げない。だから大事なことが起きていても、目を瞑る癖があったんですよ。結局何もできないだろうという1割の顕在能力だけで生きている……。それが自分だと思ってる人が多くなってしまった。

こうしたパンデミックな状況の中で、「何もできない」といって蹲ってることが一瞬たりとも許されないにも拘わらず、動かない、動けなくなってしまう。これは無自覚＝悪気のない悪が引き起こしているということを意識化し、そんな自分の〝いま〟を超えていかなければならない。第2波、第3波が訪れ、その波をしっかり見極めていかなければならない時、直感・感覚というものと、知覚の入り口にある知性というもので、認識を改め、反応できるようにするのが大事。その上で地球視点に立ち、人間の弱いところ、強いところを俯瞰して明らかにしていくことが重要なんです。

私達はまず、肉体を持って生まれました。その肉体は弱いんです。ウイルスに対しても弱者なんです。肉体あっての私達なんだなと改めて考えると、概念ばかりを凝り固めて、自分の肉体のことを知識として知ったかのようにしていることにそれこそ大きな問題があるんです。

全く何も見えてない。知覚できないウイルスについても概念や知識だけでは太刀打ちできない。ウイルスが何なのか、細菌が何なのかだって、初めて知った人が多くいると思うんですよ。

I：それにも拘わらず、よく口を開いて寝てるなって話だし、ホントに何にも考えてない、呑気な人達だなって、それは自分も含めてそう思うわけですよね。

K：ある日突然こうしてウイルスがやって来たわけじゃなくて、全く知覚できてないんですよ。何だか得体の知れないものが肉体に侵入して悪さをする。それが、肉体を持った人間という弱さが顕わになったということなんです。

肉体を持ったからこそ色んな所に行けるし、人とも会えるし、抱き合えたり、手を取り合って喜びを分かち合えた。でも肉体はそれ自身、弱点となってしまって、そういう肉体の在り方が今、見えてきたんだっていう風に捉えていけばいいんです。

逆にこういった在り方を見ずに、今までの方法が通じると言い続けてきた知識人たちは、その発言が混乱し、何も言えなくなる。さらにその責任を問われる。

I：最初にメディアで発言していた先生達は可哀想ですよね。「言ってることは無茶苦茶じゃないか、矛盾している」と早速叩かれて。

当たり前ですよね。何をそこまで期待するのか、と言えば、やっぱり正しい対処法を知りたいんだと思うんです。でもその対処法が矛盾したら、今度はその間違いを許さない。

K：学者や専門家、知識人といった、社会的信用があるということで仕事をしている人の性《さが》でもあって、その知識は状況に応じて強みが、ある日弱みになる、そして社会的なポジションを持っているんだという自覚が足りない。

勝手に期待して勝手に裏切られたと嘆く、被害者のようでいて加害者のような在り方になっている最近のSNSにも社会的ポジションに対する自覚がないという点では、同じような傾向が見受けられます。

本当の「知」の世界は「感」に通じていますが、このような次元にいる人は非常に少ない。学者だから知識を持っていて、先生だから、偉い人だからすべてわかる、ということはあり得ない。そうであるにも拘らず、叩く人は学者たちはこう在るべきと勝手に当てはめて、その枠組みに縛りつけている。自分勝手で、不自由な社会を創りあげてしまっている。

必要なのはもっと自由で化学変化を楽しめる世界なんです。「知」だけを磨くこと、「感」だけを持つことで終わりではなく、その磨き上げた「知」を「感」にふれさせていく在り方。このような在り方になれば、自ずと自由に楽しめる、無限に楽しめる。それ以外はないという感覚。それが前提で当たり前の世界です。

だからこそ、自ら知覚できないことや、知性を磨くための知識や教養を持とうとしないことや、自らに何が起きているのか、それを知ろうともしないことに……そこに危機感を持つべきで、知ったところで何もしようとしないこと、自分都合で在り続けようとすることを排除するべきです。

人類が変わるべきタイミングに変わらないとすれば、この世界がどうなっていくのかは想像がつくはずです。でも多分、人間はまた変化を拒んで、立場あるものを非難し続けることでしょう。この現実に目を向けずに一体どこまで居続けられるというのか。自分というとんでもない力と潜在的な可能性を持つ怪物である人間として、この先何をどう受け止めて生きるのか。それが今この時代に存在する私達人間に対する問いかけなのだと思います。

そこにおいての人間というのは決して非力でも弱者でもなく、おそるべき強者なのだから。

I：政治家にしても、やっぱり引きずり降ろされるのが怖くて、みんな保身的になってる。医療は医療の人がやればいいとか、政治は政治の世界でやればいいとか責任転嫁をしているような気がするんですよ。

K：それぞれがみんな、他人事ではダメですね。何かを生み出そう・変革しよう、という場合、やはり「自分」の次元が低いと保身的になってしまう。みんなそこは同じです。誰だってきっとそう。でもそこで視点を高めて、高めて引き上がった使命感の領域から何を発言できるかを問われている。

しかし、「言うは易く行うは難し」なことが多いのです。例えば、もしも自分が生まれ変わったとしたらって、よく生徒たちとワークでするんですけど、自分が安倍さんの立場だったらとか、菅官房長官だったらとか色々やってみると、今の自分が言ってる不満を、どのように自分なら対処できるかというと、誰であっても大差ない答えしかでてこない。

結構、誰がなっても大して変わらないのは、現実と向き合ってしまうと他人の立場を他人事として見てしまいがちなのです。でも政策を実行する人がいるとして、それを失敗するのを見て、追い打ちをかけるように言う人は蛆虫《うじむし》だなとか、これはもう害虫でしかないと思います。結果的に誰のためにもなっていない。虐め倒してるようにしか見えなかったりする、それはカッコ良くないわけです。

今は、真の平等とは何かを考えるキッカケだと思う

I：何かをして貰うことばっかりで、自分に何ができるかというのが二の次になってる人が増えた感じはしますね。して貰うことだけが大事で。

K：そうですね。時代に甘やかされてきたのだと感じますね。自分たち自身を甘やかしちゃったんです。あって当たり前だと思っていたモノがなくなってしまった、そこに気づいた瞬間に自省する必要がある。自分が置かれている立場を俯瞰しなくてはならない。

I：それこそ今戦争を始めると言われたら、今の心性のままだと、無反省にそれに従ってしまうことになりかねないじゃないですか？ そうなった時に、もはや従わない、というのはもう通用しない。

K：想定外のことが起これば、いつだってパニックになりうるということです。その時がきたら考えるでは間に合わない、その時がきたら動くでは手遅れなんです。それが、想定外に弱いということ。想像もしていないことに人は弱いんです。それが今日痛感させられたことです。パンデミックが起きている最中に、長い年月をかけて変化するのでは意味がないということ。イマジネーションの限界が人間の限界というのはまさにそのことをお伝えしているのです。それが、前のめりに生きること、想定外を想像し、創造し続けていくマインドの在り方をお伝えする意味です。

重要なのはそのための心の創り方なのです。

やはりその時がくる前に、どう在るべきかをイメージして、その先の未来から変えていく在り方にしていくことが人類の使命なのだと。そこには高く引き上げたマインドが必要になってくる。そういう自分になっておくということが重要じゃないかなと思うのですよね。

他人にばかり期待しないことですよ。パニックになってる人に何か頼んだって仕方がないし、負担をかけちゃいけないんです。例えば日本においても、国民に政府が何をしてくれるのか、これ以上に重圧をかけたって何も出てこない……。むしろイジメに等しいですよね。目の前のことに振り回されているのが、もう表れちゃってるじゃないですか。アベノマスクが手元に届いて感じたはずです。むしろ一生懸命なんですよ。その悲痛さに心を痛めた人も少なからずいたはずで……。そう受けとめていくことで、何か期待し過ぎないで、今はもう次に向かった方がいい。

一生懸命なんだろうなというところは感じられたら、それ以上求めないことも時として必要。でも、一生懸命な人というのは多くいて、さらに〝自分〟に一生懸命な人はとてもやっかいなんです。例えばサービス業のお手本のようなホテルに行って何かオーダーする時も、一生懸命な人に頼むと求められたことすべて、期待以上のことはもちろん、応えられないんですよ。全体を見渡してる余裕のある人にお願いすることです。お願いする側に選択の余地があるのなら、それは選択ミスなんです。

誰に対してであろうと、こうなってしまった何かを責めることは、自分を責めることに繋がるっていうくらいに思わないと。ただ批判しているだけの人達って、やっぱり人間的にカッコ良くないということです。

配役を貰ってきっちり役をこなす人間もいれば、しくじる人間もいて、それは舞台の上でも、現実においても同じこと。

役を自分だけの問題として演じていても無理が生じるんです。自分を超えて、一段引き上げて自分をちゃんと見つめていく視点がなければ、出たとこ勝負の自意識だけの自分じゃこなせない大役もあるということ。それは誰の人生にも起こることです。

だから、「役創り」でマインドを創ることは必然なのです。自分以上の何者かになる日はいつかやってくるのだから。

ある意味、みんな平等なはずなんですよ。なのに、お前は上から目線だとかと非難する。そういう人に限って、立場上、上に立って努力している人間を引き摺り下ろすということを無自覚にやってしまう、それを願っているかと問われた時に、何か違和感を感じるものはあるのかないのか、協力すべきところで協力できてない、力にもなれてない。そうした無力感は永遠に募る……と。やがては、ハキダメみたいな発言さえも生まれてしまう。果たしてその言葉は自分のためなのか、その相手のためなのか、どこから生まれているのかという問いかけを自らできているかということ……。

今は、真の平等とは何かを考えるキッカケにもなると感じます。だから、上から目線・下から目線と言ってる人に伝えるのは、そもそも目線が合っていないということ。上に立って努力している人達は別に上から見ているわけじゃないんです。ポジションが上というだけで、真っ直ぐ見てるんですよ。下から見上げてないで、自分もリングに上がってみたらいい。それが許されない時代ではなく、当り前になっていく時代です。そしたら目線はフラットになるんです。

I：そこまで行けよと。そこで待ってる世界があると。

何をしてもらうかということが、生きることではない

K：リングに上がる選択ができるにも拘わらず、なぜリングの外にいるのか。無自覚な自分が選んでいるからに他ならないのです。そこに必要なのは自分の真実をみる勇気なんです。リングの下からではリングに上がった人に声も届いてないんです。別な言い方をすれば、現状、下にいる人であろうとも、リングに届くような言い方をしないとダメな時代なんです。上だ下だとみんなそんなことにとらわれていたらダメな時代です。

その人達（ポジション上の人）に期待しているのはなぜなのか。

ポジションが人を育てるわけじゃない。何をしてもらうかということが、生きることではない。それでは赤ちゃんと同じ未熟な大人です。何かしてあげたい。自分にその力があるのか、どうしたらそれを成すことができるのだろうか。

〝いま〟を生きる人間として、できる限りのことではなく、やってるつもりのことではなく、まだやれてないことを探して、そのために行動することです。そうしたら潜在能力が湧き出て変わるんです。

たった一度の人生、他人に期待してないで、自分に期待することです。そしたら自分の人生が楽しく、何でもやれる人生になる。そういう人間はきっと自分以外の誰かの可能性を信じて励ます人間になっていきます。

私はそんなマインドを一人ひとりが持つように心から願っています。そのためにできること、

潜在的な何かを〝いま〟この瞬間にも探しているのかもしれません。

I：新型コロナが環境の一部に組み込まれた今の世界で、どのように生き抜いていくかについて、久瑠さんからここまで貴重なメッセージをいただきました。本書は生き方のマニュアル本ではないため直線的な構成になっていません。お話は「真実」に向かって、様々な往還を繰り返しながら、多様な視点を取り込んで重層的に深化していったと感じられます。まさに潜在意識に届くとは何であるかを、体感していただきました。

今、世界中のいたるところで、暗く沈み込んでいる人がいると思います。さらには生きる希望を失いかけている人もいると思います。久瑠さんはそんな世界に対して、非常に普遍的でありながらも、現代人にとって、この時代にとって最も重要な「自分」の扱い方である《マインドの法則》に立脚し、常に本質的な原点に立ち返りつつ、勇気を持ってより良く生きぬく覚悟を持ってほしいと伝えています。

本書にちりばめられたキーワードの数々は、決して難解なものではなく、とてもシンプルにすっきりと立ち上がった言葉だと思います。この清々しい原点の言葉を携え、「地球人」としての自分になることは、とても大事なことのように思われます。

まさに、「ピンチはチャンス」なのです。

おわりに――「未来を決める勇気」を持つということ

本書を構成するために、久瑠あさ美さんには、長時間に及ぶインタビューをお願いしました。お話をされる際、久瑠あさ美さんは、真っ直ぐ、真摯に相手の心に入ってきます。

そのため、お話が始まるその瞬間から特別の空間が生まれてきます。この空間は緊張感に満ちてはいるのですが、温かく、それでいて厳しく、ここだけに特別の時間が生まれてくるような不思議で感動的な感覚がもたらされます。

この空間で、久瑠さんのお話しに誘われて、物事への視点が引き上げられていくうちに、心と心が生の状態で共振します。この共振から生まれてきた言葉を、そのまま届けようと試みたところ、実際には言葉では語りえないニュアンスも多かったように感じます。

しかし、少なくとも、インタビューは私自身を省みることに繋がりました。

私自身、さまざまな問題に直面した時、何か外部的な理由を探したり、つまり責任を転嫁したりしていました。「自分事」として捉えることなく、厄介な自己欺瞞の〝ブロック〟の陰に逃げ込んでいたのです。これでは前に進むことなどできません。また、周囲にも悪影響を及ぼしていたのだろうと感じました。

そのようにして、自分の問題としてインタビューを再度読み直していくと、新たな一歩を踏み出す際の指針が何なのかが、丁寧にそして明快に書き込まれていることに新鮮な驚きを感じます。そしてその指針が自分の心の中に染みわたることで、化学反応がおこり、久瑠さんの世界と自らが共振していくかのような体験を得ることができたのです。

制作過程で、自然に私も「覚醒」に誘われていったようです。

新型コロナウイルスの蔓延による危機の時代の直面している〝いま〟、それでも未来は私たち一人ひとりに委ねられています。大切な未来が暗鬱な闇に閉ざされてしまうことのないよう、今こそ、私たちには「未来を決める勇気」が求められているのです。未来を明るく照らす希望の光は、私の、そして本書を読んでいただいたあなたの心から発せられるのだと思います。

企画・構成　安藝哲夫

久瑠あさ美の講座 ご案内

◆『心を創るマインド塾』

【毎月第２土曜日／東京にて開催】

〜はじめてのメンタルトレーニング〜

・自分を知る１時間コース

「初回メンタルチェック診断＋講義」

・半日フル体験 5.5 時間コース

◆『メンタルトレーナー養成塾』

【毎月第２土曜日／東京にて開催】

1day 体験８時間コース（８時間）

◆『マインドの法則“心の実学”
３日間集中セミナー』

【年２回／春・秋開催】

・春期コース「メンタルブロックを外す講義&ワーク」

・秋期コース「潜在能力を引き出す講義&ワーク」

◆『鏡面感覚トレーニング』

【毎月第３土曜日／東京にて開催】

・初回体験３時間コース

◆『コラージュトレーニング』

【毎月末日曜日／東京にて開催】

・初回体験３時間コース

◆『パーソナルトレーニング』

初回メンタルチェック診断コース

※ 90 分／60 分枠でご予約お取りします。

◆『久瑠あさ美のサロンクラス』

【ブログにて各回告知】

お問い合わせ：info@ffmental.net

久瑠あさ美 ✳ Asami Kuru

◉メンタルトレーナー／作家

ff Mental Room（フォルテッシモメンタルルーム）代表。

日本心理学会認定心理士。日本芸術療法学会会員。日本産業カウンセリング学会会員。精神科・心療内科の心理カウンセラーとして勤務後、トップアスリートのメンタルトレーニングに積極的に取り組み、注目を集める。企業経営者、各界アーティスト、ビジネスパーソンなど個人向けのメンタルトレーニングを行い、延べ10万人を超えるクライアントから絶大な信頼を寄せられている。

企業や自治体への講演活動や人材教育、「潜在能力を引き出す突破力研修」など潜在的な力を引き出す人材育成プログラムを開発。児童向け講座、慶應義塾大学での講義など次世代育成にも従事。医療、介護に特化したマインドプログラムにおいては、空間創りから参加するなど活動は多岐に渡る。毎月開催される本格的な体感トレーニングを行う〈心を創るマインド塾〉や〈メンタルトレーナー養成塾〉や年２回の〈春期・秋期「マインドの法則」“心の実学”３日間集中セミナー〉を主宰。『鏡面感覚トレーニング』、『コラージュトレーニング』など感性を高める実践的な単発レッスンも行っている。

雑誌・テレビ・ラジオなどメディア出演も多数。

著書は『一流の勝負力』『人生が劇的に変わるマインドの法則』『このまま何もしないでいればあなたは１年後も同じだが潜在能力を武器にできれば人生はとんでもなく凄いことになる』『久瑠あさ美のイキザマ革命』など累計120万部を超える。

◈ ff Mental Room ホームページ

◈久瑠あさ美チャンネル
［ff Mental Room
HP トップページから無料動画視聴可］

◈久瑠あさ美のメンタル・ブログ

◈久瑠あさ美の人生が劇的に変わる
メルマガ マインド塾

◈潜在能力を引き出す
「マインドの法則」アメブロ

◈久瑠あさ美のオーディオブック
［NHK サービスセンターから配信中］

未来を決める勇気
マインドの法則で、パンデミックを生きぬく

2020年10月10日　初版発行

著　　者	久瑠あさ美
発 行 者	佐藤俊彦
発 行 所	株式会社　ワニ・プラス 〒150-8482　東京都渋谷区恵比寿4-4-9　えびす大黒ビル7F tel：03-5449-2171（編集）
発 売 元	株式会社　ワニブックス 〒150-8482　東京都渋谷区恵比寿4-4-9　えびす大黒ビル tel：03-5449-2711（代表）
印刷・製本	中央精版印刷株式会社

ISBN978-4-8470-9970-0

ブックデザイン／冨田由比　写真／千川 修　DTP／株式会社ビュロー平林
編集協力／中村泰子

ワニブックス HP
https://www.wani.co.jp